U0867802

民国奇人

裘吉生史迹考

裘诗庭◎编著

中医古籍出版社

图书在版编目（CIP）数据

民国奇人裘吉生史迹考／裘诗庭编著．—北京：中医古籍出版社，2015.8

ISBN 978－7－5152－0566－3

Ⅰ.①民…　Ⅱ.①裘…　Ⅲ.①裘吉生（1873～1947）－人物研究　Ⅳ.①K826.2

中国版本图书馆 CIP 数据核字（2014）第 014490 号

民国奇人裘吉生史迹考

裘诗庭　编著

责任编辑　贾萧荣
封面设计　映象视觉
出版发行　中医古籍出版社
社　　址　北京东直门内南小街 16 号（100700）
印　　刷　三河市华东印刷有限公司
开　　本　850mm×1168mm　1/32
印　　张　8
字　　数　179 千字
版　　次　2015 年 8 月第 1 版　2015 年 8 月第 1 次印刷
书　　号　ISBN 978－7－5152－0566－3
定　　价　20.00 元

裘吉生（1873—1947）

孙中山先生为裘吉生题词（1916）

前　言

先父裘吉生先生年轻时罹患肺痨重症危及生命，他不甘病殁而自购医书自学并自疗，不但治愈己病，而且成了良医。之后他致力于民族民主革命，参加光复会、同盟会，与徐锡麟、秋瑾等革命党人一起誓志推翻满清政府腐败统治。他热衷实业，创办教育馆、电厂、煤矿、药店、电灯公司等等，并远赴东北为同盟会筹集资金。清皇朝被推翻后民国新政，他却弃政从医，返回故乡先后创办绍兴裘氏医院和杭州三三医院，成为一代名医。他胸襟豁达，打破中医守秘陋习，组建医社，先后编辑发行《绍兴医药学报》和《三三医报》。为继承和发扬中医事业，不惜重金蒐集中医珍本古籍，历四十年，积两万余册，内多孤本、精刻本，置“读有用书楼”，是全国中医药古籍最多的藏书家。为使中医珍本广为流通，倾全部家资不辞辛劳编辑和发行医书医报达二千余种，是全国中医珍本刊印发行最多的出版家。他为中医抗争，参加全国中医药代表大会，任大会执行主席，并亲赴南京请愿，与全国中医药代表一起，迫使当局撤销了限制废止中医的决议案。晚年目睹华东山河沦于铁蹄，痛百姓贫病交迫，他不顾年迈体弱，辗转浙东浙西为贫苦大众治病，因疗效卓著被誉为“裘一帖”。终于见到胜利的曙光，他已积劳成疾，于是抱病奋笔疾书留下遗著，编印讲义多种，扩充遥从教育，意在薪火相传后继有人。他的一生，是传奇的一生。

先父去世后，记述他生平事迹的传记较多，皆旨在追忆先父业绩、缅怀革命精神、弘扬中医事业。为什么还要考证？1995年之后记述先父史迹的文中出现了一些与史实不符的内容，当时笔者认为历史人物的传记难免会有不尽符合史实的情况，无须介意。其后，由于引用抄录，所见文章中错讹渐多。至2004年《国医巨擘裘吉生》一书出版，错讹尤多，仅二百多页中就有错讹一百余处，有的甚至是故意杜撰。而且该书已公开出版，冠以“当代杭州研究所、杭州市中共党史学会编”和“当代杭州丛书”，出版时印刷2000册。出版后赠送范围甚广，仅2005年以杭州市委党史研究室名义向全省医卫界科技工作者和部分档案馆及中医馆赠送该书400余册。既错讹很多又广为赠送，难免出现以讹传讹的现象。

在知悉《国医巨擘裘吉生》的初稿内容之后，比我们年长的对往事了解的几位至亲都跟该书作者提出过修改意见，但被拒绝，结果是未作修改而出版。所以笔者明知向该书作者提修改意见是徒劳的，也不想跟作者意见相左而争执。为了避免公开发行的书刊中所记述的不实之词使读者误会或引用造成以讹传讹，笔者只能考证史实，逐条列出错讹之处。史可鉴人，但需严谨。先父是民国名人，是一代名医，不能脱离史实仅凭自己的意思编造。即使是写成小说，也不宜背离史实太远。我们都已是老人，将要作古，应留史实给后人。虽然不可能完全还原历史，也应该尽量接近史实，力求记述翔实的史迹让后人借鉴，这就是笔者撰写本书的出发点。

裘诗庭

2013年10月

目　录

第一章 《国医巨擘裘吉生》一书错讹百余处勘

2004年，裘诗路著《国医巨擘裘吉生》，由当代中国出版社出版，该书对裘吉生的生平作了传记式的撰写。遗憾的是在诵读之后发现错讹太多。而且该书在出版之前著者曾将书稿交给比他年长的裘启敏（生于1928年）、裘诗嘉（生于1931年）看过，据他们说：看过书稿后曾提出许多修改意见，但著者都没有采纳。

据“杭州地情网”载：“《国医巨擘裘吉生》记叙了民国时期著名的中医医学家、医事活动家和中医文献家裘吉生的人生经历，……2005年，市委党史研究室……向全省医卫界科技工作者和部分档案馆及中医馆赠送《国医巨擘裘吉生》400余册。”在2009年春，笔者去杭州图书馆看书，适有许多读者在该馆电脑上查询，在“裘吉生”三字下有多本介绍的书。当时有年青读者问：如要了解应该读哪本书？该馆工作人员回答：“《国医巨擘裘吉生》是写生平事迹的。”可见该书已成为介绍裘吉生生平的代表作。

“传记”应该以史实为基础。虽然可以有适当的文字修饰或人物相关事件的归纳整理，但还是要尽力符合史实。著作者难免在个别时间和地点上出现错误，理应在力所能及的范围内加以避免。作为传记主人公的后人更应该力求其所述符合史实。不能根据一时的需要，把历史事实当橡皮泥一样捏来捏

图 1－1　《国医巨擘裘吉生》

去，不断变换各种提法。

当然，可以把历史人物和历史事件写成小说，但即使是小说，也还有个真实性的问题。小说家、2012 年诺贝尔文学奖得主莫言提出：“我觉得讲真话毫无疑问是一个作家宝贵的素质。如果一个作家讲假话，不但对社会无益，也

会大大影响文学的品格。”（刊载于2012年10月12日《钱江晚报》）

史可鉴人，但需严谨。作为老人，我们留给后人的应该是尽可能真实的历史，要尽力维护历史本来的尊严。正如鲁迅先生之子周海婴在新版《鲁迅回忆录》时所说：“我们的文化史，很多都存在不真实的地方。这样有缺憾、有缺口的历史，如果不马上纠正，我们就是历史的罪人。”（刊载于2010年3月31日《钱江晚报》）

鉴于《国医巨擘裘吉生》（以下简称《国医》）一书有太多的不符合史实的地方，仅二百多页中竟有错讹一百多处，而且该书赠送范围甚广。为免更多以讹传讹，对该书的错讹笔者提出校勘意见：

1.《国医》一书正文前插图第5页下半幅的裘吉生照片下标注为：“创建三三医院时照（1923）”不符史实。

该照片（见本书正文前附图）曾刊载于《绍兴医药学报》第七卷第十一、十二号（即七十九、八十期），该刊于丁巳年（1917年）十二月出版。在此期刊上有说明：“插图：吉生最近之小影”并在附文中刊明：“……今年四十五，发未苍苍，视未茫茫……丁巳冬月裘庆元自题”。所以照片应该是1917年裘吉生45岁时所摄，并非是“1923年创建三三医院时照”。

2.《国医》正文前插图第6页上半幅为《绍兴医药月报》（民国十三年出版）。将《绍兴医药月报》作为裘吉生所编辑与史实不符。

裘吉生在绍兴时主编的是《绍兴医药学报》，他在1923年迁居杭州后将《绍兴医药学报》改名为《三三医报》继续主编发行。仍在绍兴的中医师于 1924 年（即民国十三年）创刊了《绍兴医药月报》，以杜同甲任总编辑，何廉臣任副总编辑。

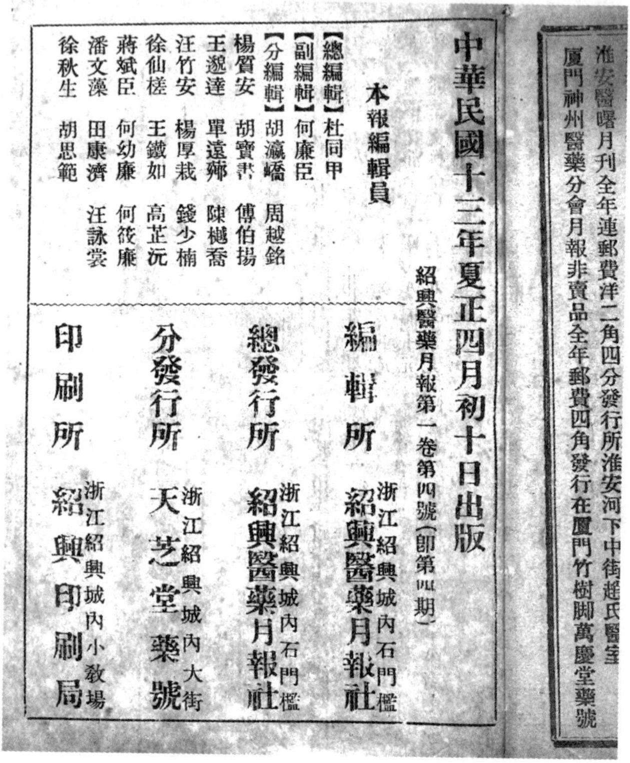
淮安醫曙月刊全年連郵費洋二角四分發行所淮安河下中街趙氏醫室
厦門神州醫藥分會月報非賣品全年郵費四角發行在厦門竹樹脚萬慶堂藥號

中華民國十三年夏正四月初十日出版
紹興醫藥月報第一卷第四號（即第四期）

本報編輯員
【總編輯】杜同甲
【副編輯】何廉臣
【分編輯】胡瀛嶠 周越銘
楊質安 胡寶書 傅伯揚
王邈達 單遠薌 陳樾喬
汪竹安 楊厚栽 錢少楠
徐仙槎 王鐵如 高芷沅
蔣斌臣 何幼廉 何筱廉
潘文藻 田康濟 汪詠裳
徐秋生 胡思範

編輯所 浙江紹興城內石門檻 紹興醫藥月報社
總發行所 浙江紹興城內石門檻 紹興醫藥月報社
分發行所 浙江紹興城內大街 天芝堂藥號
印刷所 浙江紹興城內小教場 紹興印刷局

图 1－2 《绍兴医药月报》版权页

3.《国医》正文前插图第 7 页下半幅是“秋瑾与绍兴明道女校师生合影”，在照片下标注中说：“中排右起第一人为裘吉生元配夫人陈涵”属错讹。

该照片（见本书 118 页图 3-2）后排左二是秋瑾。陈涵应是后排左三，中排右一系一女校学生。

陈涵之子裘诗新（生于1910年）在遗文“生平概述”中曾提到这张“秋瑾与绍兴明道女校师生合影”，他在文中明确写道：“在秋侠一侧，形象较胖，襟大掖一白色手帕者即系先母当时遗影。”陈涵于1926年去世时裘诗新已有16足岁，一个16岁的儿子对自己母亲的印象当是十分清晰的，因此此说最为可信。笔者为辨明此事，特意去“秋瑾故居”仔细看该照片。从照片上可以明显看出后排左三者前襟“掖一白色手帕”，又在“秋侠一侧”，因此当可肯定即是陈涵。

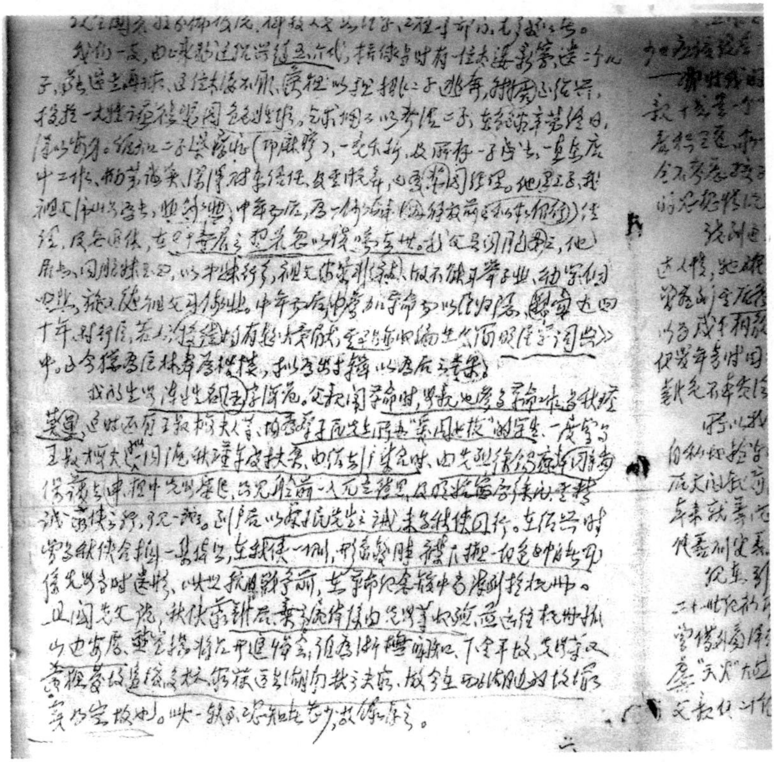

图1－3　裘诗新撰“生平概述”第2页

4.《国医》正文前插图第 9 页下半幅是绍兴鲁迅纪念馆为裘吉生逝世五十周年发行纪念封（1997）（见 101 页图 2－2）。虽然鲁迅纪念馆发行纪念封是好事，但是该纪念封上明显标出的“1997、5、21、”不符史实。因为裘吉生的去世时间应为 1947 年 6 月 11 日，不是 5 月 21 日。

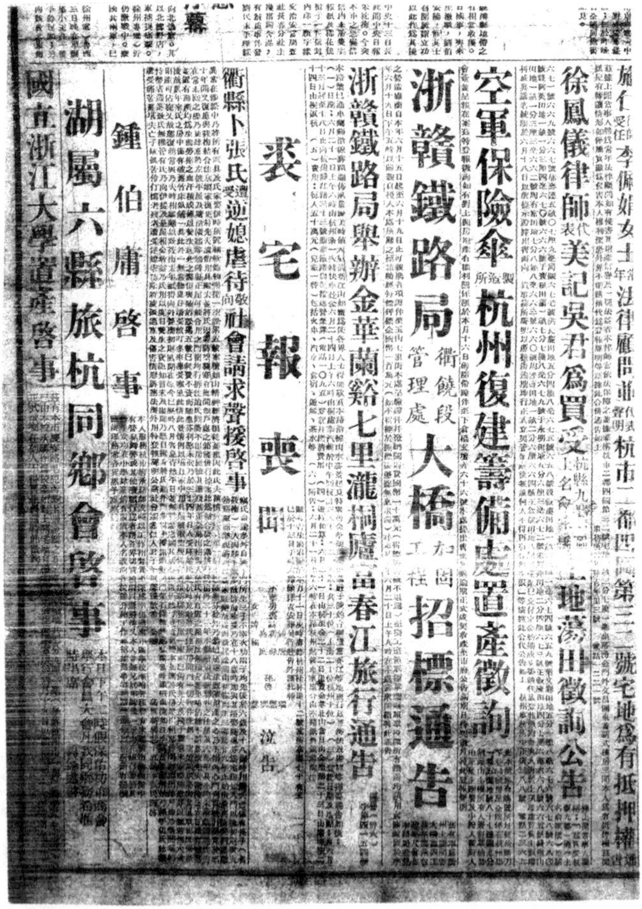
徐鳳儀律師代表美記吳君為買受杭縣九堡……地蕩田徵詢公告

空軍保險傘製造所杭州復建籌備處道產徵詢

浙贛鐵路局衢饒段管理處大橋加固工程招標通告

浙贛鐵路局舉辦金華蘭谿七里瀧桐廬富春江旅行通告

裘宅報喪

衢縣卜張氏受逆媳虐待敬向社會請求聲援啟事

鍾伯庸啟事

湖屬六縣旅杭同鄉會啟事

國立浙江大學道產啟事

图 1－4　1947 年 6 月 15 日《东南日报》“裘宅报丧”

1947 年 6 月 15 日杭州《东南日报》刊载的“裘宅报丧”上明确告白：“显考吉生府君恸于本月十一日戌时寿终杭州桂林里十二号寓所”。

1947 年 6 月 16 日杭州《东南日报》刊载的“裘宅讣告”上也有同样告示。

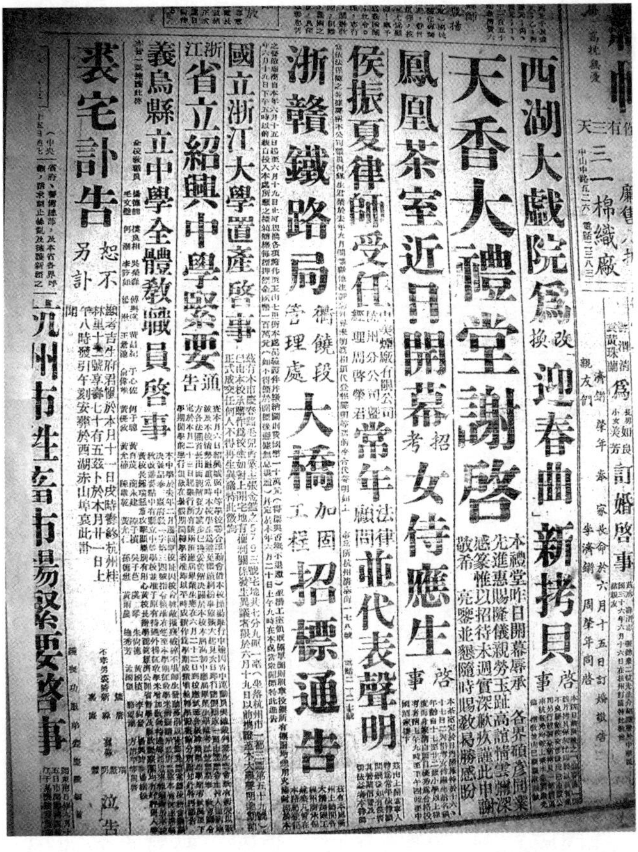
三一棉織廠
訂婚啓事
西湖大戲院爲改換迎春曲新拷貝啓事
天香大禮堂謝啓
本禮堂昨日開幕承各界碩彥同業先進惠賜隆儀親勞玉趾高誼隆情銘感深篆惟以招待未週實深歉疚謹此申謝敬希亮鑒並懇隨時賜教曷勝感盼
鳳凰茶室近日開幕招考女侍應生啓事
侯振夏律師受任中美煉廠有限公司杭州分公司經理周啓學君常年法律顧問並代表聲明
浙贛鐵路局衢饒段管理處加固大橋工程招標通告
國立浙江大學置產啓事
浙江省立紹興中學緊要通告
義烏縣立中學全體教職員啓事
裘宅訃告
恕不另訃
顯考吉生府君慟於本月十一日戌時壽終杭州桂林里十二號享壽七十有五茲卜於本月廿一日上午八時發引午刻安葬於西湖赤山埠哀此訃
聞
杭州市生畜市場緊要啓事

图 1－5　1947 年 6 月 16 日《东南日报》“裘宅讣告”

5.《国医》第2页倒13行“这世界书局，就是裘吉生于1936年最初将《珍本医书集成》交付排印出版的那一家，于上海解放前夕迁往台湾，此番重印时，又增加了当年因抗日战争爆发而未及出版的40种。”

已迁台湾之世界书局确于1961年在《珍本医书集成》的基础上增补三十种，合原编共一百二十种重行出版，定名为《增补珍本医书集成》。这里《国医》所述有二点错讹：一是增补30种，而非40种；二是这增补的30种并不是“因抗日战争爆发而未及出版的”，而是由主编增补者另行选定的，详细篇目可见本书第四章的《珍本医书集成》目录、《珍本医书集成续编》目录和《增补珍本医书集成》目录。

6.《国医》第8页第3行将“5月26日”指为裘吉生诞生日。根据裘吉生夫人胡淑英录存的裘吉生生日为阴历五月二十八日，即公历6月22日。

7.《国医》第8页倒6行“这是绍兴府山阴县南门一户殷实人家，裘姓，那男子名沛山，在县城内一家钱庄做店员。”

笔者曾多次去绍兴咨询当年还健在的见到过裘吉生的老人，据他们回忆：裘吉生老家在水澄巷口（今胜利西路东段），裘吉生之父裘沛山在利济桥（新河里和山阴大街交叉口，山阴大街今名解放路）附近开设了乾泰钱莊。因此，《国医》中家在“山阴县南门”不符史实，裘沛山也非“钱庄做店员”。

8.《国医》第8页倒6行“裘姓，那男子名沛山，在县城内一家钱庄做店员。年近不惑，方得一子。”

根据裘吉生长子裘诗新撰文：“人生路漫漫”（载兰州市

政协编《诤友》）中述：“我能追忆所及，只能从祖父沛山公始。祖父业钱业。……晚年退休后居我父家，每晨外出闲步，归则静坐一室，无只言片语，以迄七十岁，因喘息病发告终。”

看裘吉生长孙裘启敏所收藏的“裘吉生与长子裘诗新、长女裘诗福合影”（见119页图3－3）。根据裘启敏记忆祖父跟他说过：此合影摄于1921年，是沛山公去世时所摄（照片上可以看到三人都穿着戴孝的白色鞋子）。又根据裘吉生长子裘诗新撰文，沛山公去世时七十岁。可以推算出：沛山公出生在1851年。根据裘吉生出生于1873年，也可以推算出：裘吉生出生时裘沛山是二十二岁。因此，《国医》文中说：“年近不惑，方得一子。”显然不符史实。

9.《国医》第8页倒5行“算起来，裘家已是三代单传了，因而将这孩子取名为‘庆元’。”

裘吉生长子裘诗新在“生平概述”第2页中说：“……一子成长，一直在店中工作，勤劳诚实，深得财东信任，及至晚年，已为酱园经理。他有三子，我祖父沛山公居长，业钱业。……我父有同胞弟三，他居长，同胞妹四，以弟妹行多……”可见，《国医》中裘家“三代单传”之说不符史实。

(见5页图1－3)

又据裘吉生次子裘诗烇跟笔者说：在上海铁路局当工程师的裘庆云是沛山公亲弟弟之子，裘庆云一家跟裘吉生的四妹裘庆媛一家和裘诗烇一家都一直有来往联系。（裘吉生去世时“讣告”上也有具名“护丧功服弟裘庆云顿首”）可见裘沛山家“三代单传”之说纯系杜撰。

《国医》作者不认为他写的文章中存在杜撰。什么叫“杜撰”?《新华字典》（商务印书馆1979年版至2012年第11版）：杜撰：凭自己的意思捏造。《现代汉语词典》（商务印书馆1978年版至2012年第6版）：杜撰：没有根据地编造。《古代汉语大词典》（上海辞书出版社2007年5月第1版）：杜撰：毫无根据地编造。该书作者有多处没有根据、仅凭自己的意思编造，还不能说是杜撰?

10. 《国医》第11页第8行“提起这裘姓，在中国姓氏中，人数少得几同于一些少数民族，有资料统计只占汉族总人口的0.04%。除江浙一带之外，其他省份几乎未见脉流。直至如今，不论散布于全国乃至全球各地，凡裘姓者，溯其渊源，数代以上必是源自浙江绍兴、嵊县一带（今称嵊州，在清代之前属于绍兴府建制）。从中可以看出这支家族相当紧密的脉承和传统。”这些内容跟现实有出入。

据《中华古今姓氏大辞典》（警官教育出版社出版）记载：“裘，现行较常见姓氏。分布颇广，今北京，上海之松江，河北之景县，辽宁之清原，山西之太原、大同、运城，江西之崇仁，福建之清流等地均有。”

11. 《国医》第11页倒第8行“因为征伐有功，被封侯赐姓的是裘氏鼻祖——裘国侯。他的功绩绵泽后代，据传子孙做高官者不胜枚举。”当系传说。

考裘姓来源有五类记载：

（1）以地名为姓：裘姓出自姬姓，其始祖为裘侯。周时卫国有地名裘邑（今河南省东北部）。至春秋，卫国有大夫被封于裘邑，食采于此，时人称其为裘侯。其后人便以居住地为姓，为裘氏。（见《姓氏急就篇》）

又，《郑通志·氏族略》载：“卫大夫食采于裘，因氏焉。”

又，《元和姓纂》曰：“卫大夫食邑裘氏，因以为姓。或云仇氏避难改焉。”

（2）以官职为姓：周朝时专门司掌制作皮革衣物的官职称裘氏。《周礼·贾公彦疏》注云：“官有世功，若韦氏、裘氏、冶氏之类，以官为氏。”

（3）因事改姓：据《元和姓纂》考证：裘氏还有一支是周代宋国大夫仇牧的后裔，因事避难，隐仇姓而改姓裘。

又，《广韵》注云：“本仇氏，避仇改裘。”

（4）改求为裘：《郑通志·氏族略》注云：“本求氏，改为裘，望出渤海、虢略。”说明裘氏中有一支是求姓改来。

又，《姓苑》云：“求氏本仇氏，避难改焉，汉有求仲。”

（5）所封为姓：据《会稽裘氏家谱》载：“相传吾宗自周宣王于夫人长一世子手尝喜抱一球，乃封为求国侯。后以征伐有功，帝赐衣冠，因此求下着衣，遂立裘氏之姓，则吾裘氏之受姓，是从所封以为姓也。”

诸书众说多属不确，幸而清代道光年间裘氏第四十四世裘象坤（象堃）根据唐宋时代裘氏宗谱经考证后用毛笔抄录给后人留存了《越州裘氏本源考》一书，内有宋代陆游（字务观、号放翁）所做的序、清代康熙和乾隆年间裘氏义门族孙所撰序，有裘象坤的考证和推断，当属可信。

《越州裘氏本源考》记述：“裘氏本子姓微子之后宋公族也，春秋时为仇氏。周莊王十五年，宋南宫万弑闵公，杀其大夫仇牧。仇氏仲子奔萧宋恒公，立诛南宫万。将为仇牧立后，萧大夫荐仲贤，仲让于兄，三召不赴。遂适卫，隐于西鄙，改氏裘。卫人征之弗就，免其征役，因名其邑曰裘氏。仲十七世

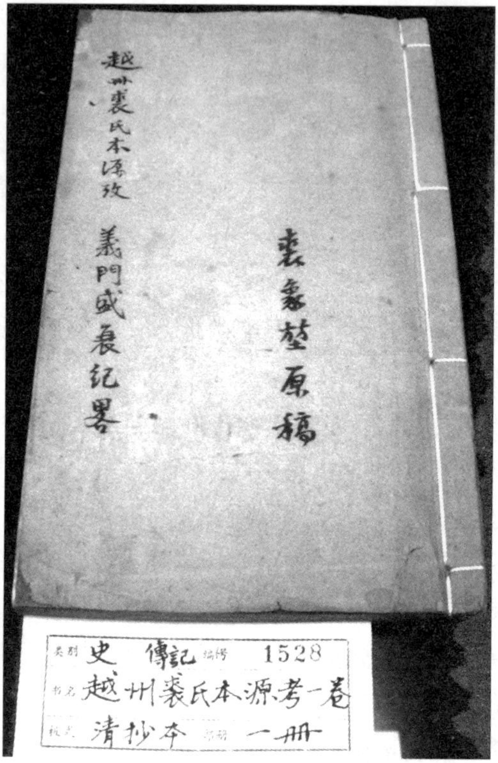

图 1－6　《越州裘氏本源考》

孙法居渤海，以文学起家。汉武昭之世仕华阴令有政声。法之孙旉治鲁诗，敦尚节掺，王莽征之不就。旉六世孙睿居西州，晋惠帝时官黄门侍郎。永嘉之乱从琅琊王渡江，愍帝建兴四年秋家于婺，更名终隐。咸和五年生子尚，后又向。向流寓江右。尚仕孝武朝，亦官黄门侍郎。寻罢去放怀山水间。安帝义熙三年游越州，爱会稽云门之胜，遂居焉，是为会稽裘氏始祖。”

裘象坤说："按宋大夫仇牧苑闵公之难事，详春秋传及史记微子世家。仲子适卫，改氏史传不载未详何据。旧谱纂于唐修于宋，当时古籍犹多，必有确证。卫裘氏邑见礼记檀弓何氏姓苑，谓卫大夫食采裘氏，因以为氏。是据檀弓卫太史柳莊事，遂以莊为裘氏祖。不知邑名裘氏是因氏以名邑，非因邑而得氏。况檀弓柳莊赐邑有裘氏与县潘氏，莊之子孙安知不氏县潘而必氏裘乎？鲁有县贲父楚有潘党皆在柳莊前，安见裘氏之必为柳莊后乎？姓苑附会不如旧谱之可信也。万姓统谱及古今类纂皆谓仇牧之后避难改与裘，与本源考详略不同而根据则一。若夫四书人物，考以孟献之之友牧仲为裘氏氏族，笺释谓鲁大夫柳莊食邑菟裘遂以为氏，皆摭拾舛讹不足凭信。槐里谱兼收众说，且有谓周宣王少子喜抱球封于求，后赐衣冠为裘氏，则诞妄类小说家言，与本源考显相刺谬矣，断非宋谱原文，槩从芟薙。大抵姓氏诸书皆文随意掇拾以资采用。固未暇为人考世系正宗支，后世子孙慎毋惑于异说，反疑祖宗传谱为难凭也。"

裘象坤又说："他谱有删去本源考专宗始末考者，意盖以祖天子诸侯为荣也。不知追溯本源岂论荣辱？况仇牧系宋公族，未尝非天子诸侯之子孙。其人载在经传，又非若裘国侯之无书可征，胡为舍此而取彼耶？得姓始末考词俚而事不经，决非宋谱原文。彼云周宣王少子封求，夫宣王之少子去春秋不远，则春秋当有裘国。即或旋封旋灭，地名必存，何以三传并不言裘国，历代郡国考亦不载其地耶？且少子何名？抱球封求、征伐有功赐衣冠改为裘等说何所证据？三传史记所不载者后人何从而追溯之。……后人以祖裘国侯为荣遂删去本源考，又将谱序妄知窜改致文气前后不相连贯，诬祖甚矣。……"

（本节引述裘象坤手抄本《越州裘氏本源考》原文，古文无标点，文中标点系笔者所加。）

附录：

《礼记》：卫有大史曰柳荘，寝疾。公曰“若疾革，虽当祭必告。”公再拜稽首，请于尸曰：“有臣柳荘也者，非寡人之臣，社稷之臣也。闻之死，请往。”不释服而往，遂以襚之，与之邑裘氏与县潘氏，书而纳诸棺曰：“世万子孙无变也！”

《春秋左传》：荘公

十二年经：秋，八月甲午，宋万弑其君捷及其大夫仇牧。冬十月，宋万出奔陈。

十二年傅：十二年秋，宋万弑闵公于蒙泽，遇仇牧于门，批而杀之。遇大宰于东宫之西，又杀之。立子游。群公子奔萧。

《春秋穀梁传》：荘公

十二年：秋，八月甲午，宋万弑其君捷。宋万，宋之卑者也。

《史记》：宋微子世家第八

微子开者，殷帝乙之首子而帝纣之庶兄也。……武王崩，成王少，周公旦代行政当国。管、蔡疑之，乃与武庚作乱，欲袭成王、周公。周公既承成王命诛武庚、杀管叔、放蔡叔，乃命微子开代殷后，奉其先祀。作微子之命以申之，国于宋。微之故能仁贤，乃代武庚，故殷之余民甚戴爱之。……十年夏，宋伐鲁，战于乘丘。鲁生虏宋南宫万。宋人请万，万归宋。十一年秋，愍公与南宫万猎，因博争行。愍公怒，辱之曰：“始吾敬若；今若，鲁虏也。”万有力，病此言，遂以局杀愍公于蒙泽。大夫仇牧闻之，以兵造公门。万搏牧，牧齿着门阖死。因杀太宰华督，乃更立公子游为君。诸公子奔萧。公子御说奔亳。万弟南宫牛将兵围亳。冬，萧及宋之诸公子共击杀南宫牛，弑宋新君游而立愍公弟御说，是为恒公。宋万奔陈。宋人请以赂陈。陈人使妇人饮之醇酒，以革裹之，归宋，宋人醢万也。……

12.《国医》第 11 页倒 7 行“一直传至先祖裘睿，官拜西晋大司马”与史载不符。

根据清代裘象坤抄本《越州裘氏本源考》记载：“甹六世孙睿居西州，晋惠帝时官黄门侍郎。”据考证，晋代“黄门侍郎”是侍从皇帝、传达诏命的官职。而大司马是专管军政的大官，汉武帝置大司马即兵部尚书，晋代大司马为第一品、位在三司之上。

13.《国医》第 12 页第 4 行“相传裘氏家族自始祖裘尚迁到会稽云门以后，世代相聚不分家，延至宋朝，违反了户籍离分制度，裘氏族人于是被强行迁散四方。裘氏第二十二世孙裘永昂（字于乔，号仲云，宋赠左宣教郎，卒葬于马家坑村），因爱浙东剡溪之山水，入赘于嵊县崇仁的商氏，居住在永富乡禅房里，即长善溪之东八角井旁，成为崇仁裘氏第一始祖。”

根据嵊县崇仁镇的《义门裘氏宗谱》记载：会稽义门裘氏二十一世孙裘永昂（字于乔，号伴云）于宋庆历年间徙剡县三十三都，赘下园商氏。熙宁年间迁剡县永富乡禅房里八角井安居，为崇仁义门裘氏始祖。

对照上文可知《国医》所记的此处错讹有二：（1）所谓宋朝时强行迁散并无依据，裘永昂迁移实因入赘。（2）裘永昂于宋庆历年间是由会稽云门因入赘迁到嵊县三十三都（迁徙之初不是到八角井）。至宋熙宁年间才迁到嵊县永富乡八角井安居。

14.《国医》第 12 页倒 2 行“时间还要回溯到南宋偏安江南之初，赵宋王朝建都临安（今杭州），然而自赵构以后，历代皇帝满足于偏安局面，“暖风熏得游人醉，直把杭州作汴州”，无所作为且荒淫腐败，一代不如一代。无能再加听信谗言，重用像秦桧一类的奸臣，使得积极抗击金兵的岳飞、韩世忠这样的忠臣，死的死、走的走，最终为金兵长驱直入江南创造了条件。”与史实不符。

根据《中国历史》（高等教育出版社 2005 年出版）：“宋建炎三年（1129 年）十月，金兀术率军渡江南下。宋高宗逃到杭州，又逃明州（宁波），从明州再坐船遁入大海，逃往温州。金兵乘船追击，被宋军大船冲散，只好作罢。兀术见拿不到宋高宗，又怕孤军深入被切断退路，就在江南大肆劫掠一番后，用船载着大批财物，于建炎四年（1130 年）春离开杭州北撤至镇江，被宋将韩世忠阻截……双方多次交战，金军无法突破……兀术受此次打击后再不敢过江。”

根据史载：宋高宗被金兵追击，逃到杭州、越州（绍兴）、明州（宁波）、定海而乘船出海。至建炎四年（1130 年）四月，时金军已退兵长江以北，宋高宗等南宋政权才北返越州。次年改号为“绍兴”。绍兴二年（1132 年）“移跸临安”。由于宋金对峙，直至绍兴八年（1138 年）宋高宗不顾大臣反对，从建康前线返回临安，正式以临安为“行在所”，最后定都临安（杭州）。

金兀术率金兵“长驱直入江南”仅有一次，即 1129 年十月。1130 年春，金兀术北撤将渡长江时为韩世忠阻截而大败，以后再不敢过江。至于宋高宗偏安临安、重用秦桧等都是后来的事，怎么可以说“最终为金兵长驱直入江南创造了条件”？

15.《国医》第 13 页第 5 行“也就在金兵第一次南侵之时，金兀术……于是宋高宗赵厂构只好沿着绍兴至明州……”

本段错讹有二：（1）金兀术率金兵南侵到江南仅一次，史书并无第二次南侵到江南的记载。（2）宋高宗名赵构，赵厂构显系错写。

16.《国医》第 13 页第 9 行“这一日，金兵抵达嵊县境内，……想到这一片富庶之地将要归顺于女真贵族统治之下，不禁喜从心来。因此对三军倒能严饬军纪，不得侵扰百姓。”

本段错讹有二：（1）金兵没有到过嵊县。（2）金兵没有严饬军纪，没有不侵扰百姓。

《中国历史》（高等教育出版社 2005 年出版）：“宋建炎三年（1129 年）十月，金兀术率军渡江南下。宋高宗逃到杭州，又逃明州（宁波），从明州再坐船遁入大海，逃往温州。金兵乘船追击，被宋军大船冲散，只好作罢。兀术见拿不到宋高宗，又怕孤军深入被切断退路，就在江南大肆劫掠一番后，用船载着大批财物，于建炎四年（1130 年）春离开杭州北撤至镇江。被宋将韩世忠阻截，……”

《中国通史》（周谷城著）：“……高宗远走东南，初退扬州，继奔镇江，又奔平江，由平江而杭州，而越州，而明州，而温州，末了还都临安……这样的逃走，都是为着金兵在后面追击。”

《中国古代史纲》（张传玺主编 2001 年版）：“建炎四年（1130 年）初，金兀术大掠杭州后北返，在将渡长江时，为南宋著名将军韩世忠阻截在黄天荡……”

《武林旧事》（周密著）：“凤凰山曾是旧时钱王宫……破

坏最厉害的一次，是1129年金兵入杭。次年金兀术从杭州退兵，纵火城中，烧了三天三夜，烟焰不绝，掠走了大量金帛和美女。金人焚荡之余，大批前朝留下的宏丽建筑和精美园林，已化为乌有。"

从以上史书中可以看出宋高宗沿杭州——绍兴——宁波——定海等逃走，而金兀术也按这路线追击。金兀术意在擒拿宋高宗等人，不可能在到绍兴后不向东追去宁波，却进军绍兴以南的嵊县。即使说嵊县隶属绍兴府，也没有可能采取舍近就远的追逃路线。而且史书上也没有金兀术到过嵊县的记载。所以《国医》一书中说"金兵抵达嵊县境内"纯属虚构。史书上还记载了金兀术所率的金兵拿不到宋高宗"就在江南大肆劫掠一番后，用船载着大批财物""金兀术大掠杭州后北返""纵火城中，烧了三天三夜，烟焰不绝，掠走了大量金帛和美女。金人焚荡之余，大批前朝留下的宏丽建筑和精美园林，已化为乌有。"等等。因此，《国医》中说金兵"三军倒能严饬军纪，不得侵扰百姓。"违背史实。

17.《国医》第13页倒8行"这一看不由得令金兀术眼前一亮，他快马从几里之长的行军队伍走过，军士们个个打的灯笼、撑的雨伞，竟然一式一样，且都写着"义门裘氏"四个宋字。金兀术不禁敬佩这个大家族，有如此严密的组织和快捷的行动。他一面思忖，一面勒马转回前队，忽然心中一惊：眼前这绵延数里的红红灯笼及油布雨伞，那四个显眼夺目的宋字，叠现出曾在北方英勇抗击金兵的"红巾军""八字军"来。这样精诚团结的百姓，一旦造起反来，岂不是心腹大患么！于是他当即下令，三军后队变为前队，倒退十里，回到借伞灯之地，见人便杀。可怜这义门裘氏数百人口，一夜之间，满门惨遭屠戮。"

此说与史实不符。裘氏家族曾遭屠戮，但不是在宋代，不是在嵊县，屠者也不是金兀术。屠杀裘氏家族之事发生在元末明初，地点在会稽云门，屠者胡大海。

关于越州义门裘氏盛衰概况清代道光年间、义门裘氏第四十四世裘象坤撰有“义门盛衰纪略”一文，兹将全文录入（原文无标点，文中标点系笔者所加）：

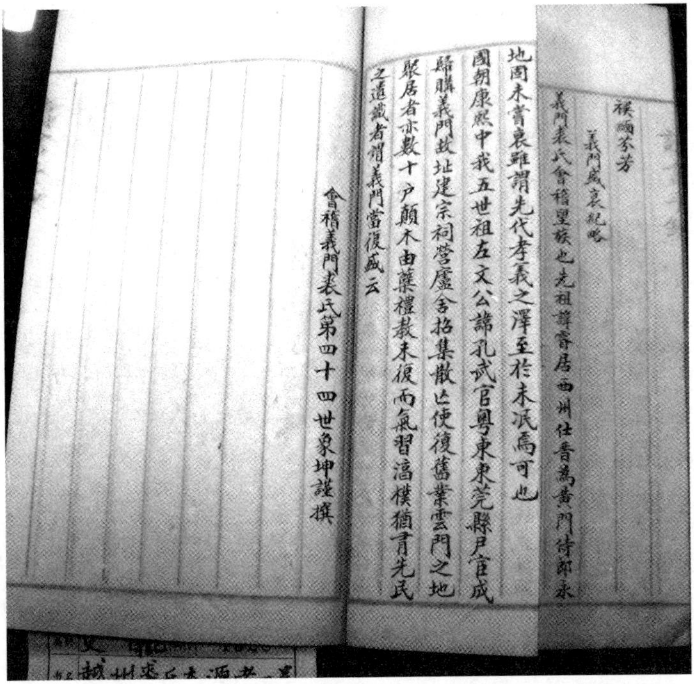

图1－7　清代裘象坤“义门盛衰纪略”

义门裘氏，会稽望族也。先祖讳睿，居西州，仕晋为黄门侍郎。永嘉之乱从琅琊王渡江隐于婺。子二，伯尚，仲向。向迁江右。尚仕孝武朝，亦官黄门侍郎，后挂冠游。安帝义熙三年适会稽，爱云门山水之胜，遂居焉，是为会稽裘氏始祖。子孙勤耕桑，习弦诵，朴淳世守不与。风气相转，移由六朝迄唐、迄五代、迄宋真宗时凡六百余岁，传十九世，族兄弟五十余人，长幼四百余口，同居共爨雍睦无间言。家长讳承询，原名可暄，力学有文行。乡党推重，守臣闻于，朝敕下封裘氏义门。准式旌表，授承询承直郎免徭役，时大中祥符之四年也。事见宋史，今府县志皆载之。后二百年至嘉泰开禧间，族益繁，聚居如故。陆务观作嘉泰郡志有义门记，盖已二十五世矣。先是族人会食在一处，每食鸣钟聚众，男女别左右序坐，一人不至众不举箸。开禧而后，族众数千，庐舍间隔，遂为同厰异灶之制，使各因所近就食。春秋祭酺及四时之孟月吉日，则男子会食于厅，事家法世推一人为长。长不专序齿，才德服众者为之，老幼咸受治。年十六以上皆有恒业，家长量材授之以时，稽其功绪核其勤惰以定赐予。六十不课功，简其贤能使司宗事。七十不亲力，作养于宗。粟米布帛器用财贿之属皆有公储，凡所入悉纳诸公有，所需则取给焉。病有医，灾有恤，丧有赙，婚嫁有赒，鳏寡孤独废疾皆有养。家长主其政，司事掌其籍，岁终与族老会计以知出纳之数，积数岁之余则以增置产业，故族日蕃而生计常裕。厅事悬宗约数条，皆简便易行。置竹棰世相授，有不率教者棰焉。居无事，长简有学行者讲说孝友睦姻任恤之谊，众率以听。妇人有齿德者推宗姆，亦以时陈说阃教。故虽僻处山陬，男女长幼咸循循有礼法。尝有馈瓜者，家长集十三岁以下童子百余人，命自取，皆互相推让，久之序长幼持去。事载郡志，姚宫保舜明诗云：村人傅说儿童事，但一分瓜有后先亦谓是也。官长有微服过云门者，见耕农饷馌殊异他处，知为裘氏义众。爰入其村，有老者数人憩树下，客至邀俱坐。适稚子匍匐出户，老者皆敛容起问之，则曰吾曹昆季行，匍匐来者为从叔父。官长曰：彼襁褓安知礼？对曰：襁褓无知，吾辈自有知也。又见班白者随少年行甚恭，少年再三辞。乃趋而过问其故，则少年亦族父辈。官长叹息曰：此礼俗古罕闻，今乃目见之耶。王状元佐作诗纪之。夫道途之间如此，家庭之际可知；叔侄之谊如此，父子之亲可知。当日孝子悌弟蒸为风俗，若贡士之辞职养亲、纯孝之刲肉疗母，特其显著者耳。又闻闺门妇德多可称述，陈颖川诗云：妆阁谁分架上衣；许侍郎诗云：娣姒归寧儿互乳，皆实事。家教相传，习与俱化，不知有彼我也。咸淳中有娣姒，同岁生子，娣夫妇相继死，伯姒抚遗孤过于己出，断儿乳乳之，刘寄盘娣弟也。叙其事作抚孤吟曰：怀中儿季妇遗，亲生儿床上啼，谓儿且莫啼，儿弟方苦饥，儿有母弟无母，先哺弟后哺尔，读之仁爱之气溢于词表。孟子曰：人人亲其亲长其长而天下平。我裘氏妇人孺子皆亲睦，性成无分畛域，是以千百聚处翕然一心，呜嘑盛矣。宋季失政，官吏肆残，会稽主簿薛某稽核户口，勒分十九，户户各出，夫供徭役，且为厉禁使不得复合。于是众析其财，赢绌不能相剂，各治其业，劳逸不能相资，千百年敦睦良规，隳于一旦，惜哉！薛簿去任，族绅士白诸帅府，禁稍弛。元初议复旧制而变通之，乃三分产业以其一归公，仍立家长主之。皇庆而后公产渐饶，规模整饬势骎骎复盛。及顺帝时，群雄俶檯，盗贼蠭起。家长义烈公讳廷举，慷慨有武略。与从子近忠练族众防守，贼至辄杀伤。乡村有被劫者，或持裘氏号灯往救，贼望见遁去，由是裘氏义勇名大著。家长聚族众谋曰：与我倚门闾保一族，何如扼险要捍一方乎？众皆曰诺。时山谷啸聚，诸暨为最。西南驻日岭界诸暨。乃与近忠相度形势，斩木为犄角置寨岭内，设强弩毒矢，简族中壮勇分班驻守，募乡兵益之。自驻日岭而东至日铸岭数十村，击柝相闻，寇盗不敢犯，裘氏之力也。至正十九年春，明将胡大海破诸暨将度岭攻绍兴，裘氏整兵待之。大海使来假道，家长与言伐越之不利，使数返不得行，大海亦将退矣。会暮雨，乃索行灯笠伞三千具，与我则去。家长与之，大海退避雨僧寺。夜分雨霁，或语大海曰：裘族强，其长善谋，其子弟善斗，留之为患，不如返兵攻之，彼度我去，不设备可破也。大海从之，寺僧走告裘氏，出奇兵迎击，大海溃败，退保暨阳。未几，明祖命大海由水道攻郡城，时枢密副使吕珍守绍兴，明师久攻不克。大海恐裘氏挠其后，令万户沈胜筑寨岭外。三筑三焚，大海怒令诸暨守将攻驻日岭。自以鋭师袭云门，宵至縦火合击。裘氏义勇前后不能相顾，遂大败。近忠力战死，家长创重被执不屈死。族众死于斗、死于火、死于溪涧、亦有踰岭走者。终明之世无复居云门，而裘氏之族遂衰。自东晋义熙三年至元至正十九年歴九百五十三载传三十世。

大清道光二十六年岁次丙午十一月既望裔孙象坤考核谱乘，综述旧闻，谨识于后曰：呜呼，观先代盛衰之故，知人事之不可以胜天也。自来家业中衰皆由子孙荡弃礼法，惟我裘氏则败于气运之相厄而人事无失焉。家之与国大小一理，国运数百年而易，家运数十年而易，久者或百余年。裘氏自晋迄元几于千载，世泽之远，蔑以过已。然而无平不陂，无往不复，千载之盛不能无一日之衰，岂非天与？窃闻之，败于人者必灭，败于天者不絶。譬诸草木，斧斤戕之，断折不复萌；霜雪瘁之，方春而又向荣，其生理未尝绝也。裘氏虽罹兵革而荡析，之后生齿渐繁至于今。如裘村、裘家岭等处聚族皆数百户，又如嵊之崇仁、山阴之天乐、富阳之环山、慈溪之鸣鹤埸、江西之新建皆宋代分支，族更蕃盛。然则裘氏之衰特衰于云门旧地而异地固未尝衰，虽谓先代孝义之泽至今未泯焉可也。国朝康熙中，我五世祖左文公讳孔武，官粤东东莞县尹，宦成归购义门故址，建宗祠，营庐舍，招集散亡，使复旧业。云门之地聚居者亦数十户，颠木由蘖，礼教未复而气习淳朴犹有先民之遗，识者谓义门当复盛云。会稽义门裘氏第四十四世象坤谨撰

笔者认为以上“义门盛衰纪略”一文比较符合史实，理由是：第一，裘象坤并非随意撰写，而是先受家族委托，文成后又呈送族内家长。根据《越州裘氏本源考》内有裘象坤呈送“鸿秋宗叔大人阁下承属裘氏本源考及义门盛衰纪略草录”一文，他在记述考证裘氏本源后说：“义门盛衰纪略上下九百五十余年剪裁联络颇费经营，然叙述故事皆有所本，未敢以臆见窜入也。元季团练义兵事虽本旧谱及府县志，但诸书俱成于明代，皆隐约其词。县志止言屡挫强敌，不明言胡大海。旧谱虽言大海，亦多周旋避忌之词。兹本五云山樵杂志益以故老传闻据实直书，庶几祖上忠肝义胆不敢湮没于后也。”“义门盛衰纪略”一文列入《越州裘氏本源考》内，而《越州裘氏本源考》系宗谱文稿集。内有宋代陆游撰写的“越州裘氏族谱序”、清代康熙年间义门庠裔写的“本宗祖系房派序”、清代乾隆年间义门裔孙写的“赵清献公义门记”、清代乾隆年间义门裔孙续辑的“续考本宗各派分居处序”、清代乾隆年间吴锡麒撰写的“重修义门裘氏宗谱序”。由此可见：“义门盛衰纪略”一文已是越州裘氏族人的共识。清代光绪年间修的《义

门裘氏宗谱》也将该文录入刊印。

第二，根据《中国通史》（周谷城著）：朱元璋在建立明朝后“屠杀文武功臣以提高专制权威，如洪武十三年（1380年）置胡惟庸于死，株连甚众……洪武二十三年（1390年）又兴胡党之狱，族诛至三万余人，又诛蓝党，族诛达万五千人。”又据《廿二史札记》（清代史学家赵翼著）：“明祖……盖雄猜好杀本其本性，如胡大海方宣力浙东，其子在都犯酒禁，即手刃之。曰：‘宁使大海叛我，不可使我法不行。’”以上史书可以说明：（1）明初杀戮甚多，从明太祖朱元璋至部将都这样行事。（2）“胡大海方宣力浙东”一句说清了胡大海曾在浙东一带用兵。从史书记载可见胡大海杀戮裘氏族人为可信。

第三，根据裘吉生长孙裘启敏回忆：在裘启敏年少时祖父裘吉生曾跟他讲，裘氏先祖族居云门。一日，明大将胡大海率部经过，适值大雨，乃向村里借伞遮雨。习俗伞柄均刻氏姓，所借数千把伞皆为裘姓，详询情况，始悉裘氏聚族而居。胡大海思虑倘他们一旦作乱，将成祸患，不若早图，毋使滋蔓。遂下令回军屠村，……。所述情节与裘象坤文中所记相仿。而所述来源于族人传说，可见族人传说也符合胡大海杀戮说。

18.《国医》第14页第12行“这个婴孩的存活，为裘氏家族留下唯一的一条根。”

根据《越州裘氏本源考》和《义门裘氏宗谱》录存的裘象坤撰“义门盛衰纪略”一文所载：“……大海怒令诸暨守将攻驻日岭。自以锐师袭云门，宵至纵火合击。裘氏义勇前后不能相顾，遂大败。近忠力战死，家长创重被执不屈死。族众死于斗、死于火、死于溪涧、亦有踰岭走者。”可见，族众有战死，也有踰岭走者，这婴孩并不是“裘氏家族留下唯一的一条根”。

19.《国医》第14页倒6行“祖父习得一手铜业手艺，制作的铜器十分精巧耐用，在当地颇有名声。”系杜撰。

根据对家史比较知道的裘吉生长子裘诗新在所著“生平概述”文中说：“……转辗至绍兴，投于谦德酱园鲍姓家，乞求佣工以养活二子，在鲍家辛劳终日得以安身。讵知二子染痞症，一竟夭折。及所存一子成长，一直在店中工作，勤劳诚实，深得财东信任，及至晚年，已为酱园经理。他有三子，我祖父沛山公居长，业钱业。中年而后，为一钱业经理。”读该文可知，裘吉生的祖父应是酱园职工（晚年升经理），不是“铜业手艺”。

（见5页图1－3）

20.《国医》第14页倒3行“及传到庆元之父沛山，由于家境逐渐转好，又加只有一个儿子，所以自幼送入私塾读书。”系杜撰。

根据裘吉生长子裘诗新在所著“生平概述”中说：“……及至晚年，已为醬园经理。他有三子，我祖父沛山公居长，业钱业。……堂叔中，长房在得中秀才后未及乡试而殁，其名已佚忘。仲名庆和，季曰庆煦，均为中学文课教员，我均及见。由于长房中了秀才，所以在绍兴校埸沿边有‘裘氏宗祠’，我幼曾屡去，其轮廓尚能冥忆。”文中裘诗新的堂叔如“长房”、庆和、庆煦皆是裘沛山之侄，即裘沛山的弟弟之子。可见，裘沛山不是独子。

（见5页图1－3）

21.《国医》第15页第4行“所谓钱庄，就是后来银行的雏形。不过规模都不大，其时在绍兴城里这样的钱庄，总有近10家。”

根据《绍兴县报》载“旧时绍兴的钱庄”文中说：“绍兴有钱庄始于清乾隆年间，早期称为银号，是钱庄的前身。至清末，绍兴有钱庄17家。辛亥革命成功后，随着手工业、商业的兴盛，绍兴的钱庄有了新的发展，到抗战前（1936年）绍兴县有钱庄达58家之多。”

22.《国医》第15页第6行“于是，沛山进一家钱庄当了店员……”

根据裘吉生长子裘诗新说：祖父沛山公是自办钱庄，即乾泰钱庄，所以应是经理而不是店员。

23.《国医》第15页第8行“裘沛山中年得子，自然欣喜十分，谁知自生下庆元以后，竟又接连生了一子两女。”这里有两点不符史实，（1）裘沛山不是中年得子；（2）不是自生下庆元以后又接连生了一子两女。

根据裘吉生长子裘诗新撰文：“人生路漫漫”（载兰州市政协编《诤友》）中述：“我能追忆所及，只能从祖父沛山公始。祖父业钱业。……晚年退休后居我父家，每晨外出闲步，归则静坐一室，无只言片语，以迄七十岁，因喘息病发告终。父亲名庆元，字吉生，有同胞弟二、妹四，他居长。家中因人口众而无力供奉，他便习艺铜器去浙江余姚，后以病疾辍业。”

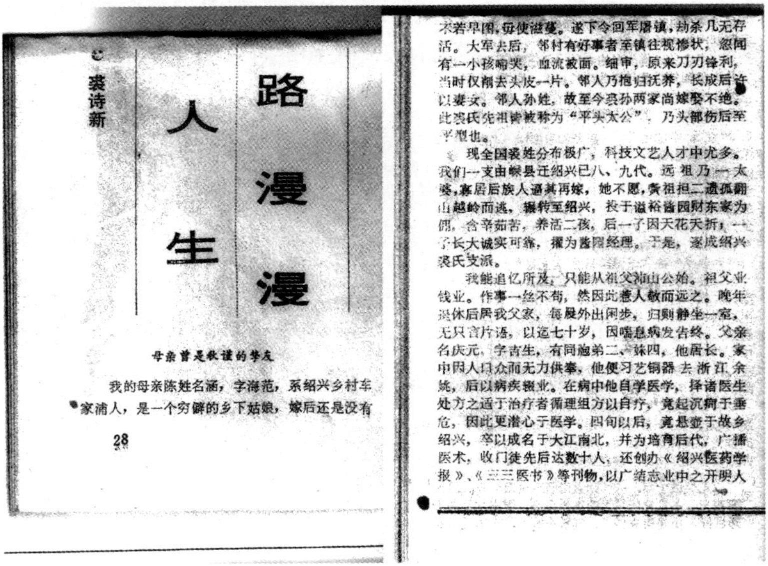

裘诗新

人生路漫漫

母亲曾是秋谨的挚友

我的母亲陈姓名涵，字海范，系绍兴乡村车家浦人，是一个穷僻的乡下姑娘，嫁后还是没有

28

不若早图，毋使滋蔓。遂下令回军屠镇，劫杀几无存活。大军去后，邻村有好事者至镇往视惨状，忽闻有一小孩啼哭，血流被面。细审，原来刀刃锋利，当时仅削去头皮一片。邻人乃抱归抚养，长成后许以妻女。邻人孙姓，故至今裘孙两家尚嫁娶不绝。此裘氏先祖曾被称为“平头太公”，乃头部伤后至平塌也。

现全国裘姓分布极广，科技文艺人才中尤多。我们一支由嵊县迁绍兴已八、九代。远祖乃一太婆，寡居后族人逼其再嫁，她不愿，携祖担二遗孤翻山越岭而逃，辗转至绍兴，投于谥裕酱园财东家为佣。含辛茹苦，养活二孩，后一子因天花夭折，一子长大诚实可靠，擢为酱园经理。于是，遂成绍兴裘氏支派。

我能追忆所及，只能从祖父沛山公始。祖父业钱业。作事一丝不苟，然因此惹人敬而远之。晚年退休后居我父家，每晨外出闲步，归则静坐一室，无只言片语，以迄七十岁，因喘息病发告终。父亲名庆元，字吉生，有同胞弟二、妹四，他居长。家中因人口众而无力供奉，他便习艺钢器去浙江余姚，后以病疾辍业。在病中他自学医学，择诸医生处方之适于治疗者循理组方以自疗，竟起沉疴于垂危，因此更潜心于医学。四旬以后，竟悬壶于故乡绍兴，卒以成名于大江南北，并为培育后代，广播医术，收门徒先后达数十人，还创办《绍兴医药学报》、《三三医书》等刊物，以广结志业中之开明人

图 1－8　裘诗新“人生路漫漫”第 2 页

又据裘吉生长子裘诗新所撰“生平概述”文中记述：“从我的回忆中，我们是迁绍后的长房。祖父诸子中，我二叔似乎是……以教书终身。……三叔与一堂叔庆云均系我父保送去……铁路学校，学成供职沪杭路线。”

又，看裘吉生长孙裘启敏所收藏的“裘吉生与长子裘诗新、长女裘诗福合影”（见 119 页图 3－3）。根据裘启敏记忆祖父跟他说过：此合影摄于 1921 年，是沛山公去世时所摄（照片上可以看到三人都穿着挂孝的白色鞋子）。又根据裘吉生长子裘诗新撰文，沛山公去世时七十岁。可以推算出：沛山公出生在 1851 年。根据裘吉生出生于 1873 年，也可以推稊出：裘吉生出生时裘沛山是二十二岁。而且裘诗新文中明确记

述了裘吉生有弟二妹四。因此，《国医》文中说：“裘沛山中年得子”和“生下庆元以后竟又接连生了一子两女”显然都不符合史实。

24.《国医》第19页第8行“在一家铜器作坊里，裘庆元拜师学艺。……这家作坊的业主，曾跟随庆元祖父学过手艺，因而这业主对裘庆元自是十分照顾。”。在《国医》第14页倒6行中作者杜撰了“祖父习得一手铜业手艺”，此处又杜撰了“这家作坊的业主曾跟随庆元祖父学过手艺”。关于此事，对家史比较知道又素性诚实的裘吉生长子裘诗新根据前辈相传已有明确记述：裘吉生的祖父是谦德酱园职工，晚年升为酱园经理，没有从事过铜业。

25.《国医》第22页倒11行“因而在考虑了一段时间后，他以需要帮手和照顾家庭为由，征得董事长的同意，终于将裘庆元叫了回来，并进钱庄学业。”系杜撰。

根据《绍兴县报》载“旧时绍兴的钱庄”一文中说“钱庄，旧时由私人经营的以存款、放款、汇兑为主要业务的金融商店。……钱庄的大小，是以股本的多少来划分的。”又据裘吉生长子裘诗新在“人生路漫漫”一文中说：“祖父业钱业。……父亲名庆元，字吉生，有同胞弟二、妹四，他居长。家中因人口众而无力供奉，他便习艺铜器去浙江余姚，后以病疾辍业。”这里可见（1）裘沛山虽经营钱庄，但从“家中因人口众而无力供奉”句中可以看出，经营的只是个小钱庄，连长子求学读书也“无力供奉”。根据裘吉生长孙裘启敏回忆：祖父裘吉生曾跟他说自己只读过两年私塾。（2）董事长是公司董事会的领导，裘沛山所经营的小钱庄没有董事会，也没有董事长，何来“征得董事长的同意”？即使设立董事会，创立并负责经营的裘沛山自己就应是“董事长”，也不存在“征得”之事。(3)裘吉生去余姚习艺铜器是“以病疾辍业”并不是什么“需要帮手和照顾家庭”。

26.《国医》第23页第1行“他常常觉得困乏无力，精力难以集中，时有胸闷和咳嗽，到午后，有时还觉有点潮热。……打听到孙端镇上有一位医治痨病有方的郎中……他虽然只有十七岁，但他早已不是孩子了。这句话语是医生回绝病人惯用的安慰之词……”裘吉生患肺痨病至三期医者束手应是十八岁。

根据裘吉生手写“肺病症状及其治疗法”一文中说：“余十八岁时即开始为人治病，即因自患肺病，为医者拒绝不治，自己用甘寒滋养之剂而愈。”

又据《三三医报》第二卷第一期载裘吉生“答高思潜君”一文中“因弟自十八岁时肺病至三期，医者束手，而自己摄养得愈，从此讲求卫生，研究医药……。”

27.《国医》第30页第8行“陈涵，字海范，是一个穷僻乡下的姑娘。陈家世居山阴县车家蒲，虽然是农户人家，外祖家曾有人在京城作过幕僚，即世称绍兴师爷。据说于咸丰年间，其祖上有人与皇上生得十分相像，因而曾入宫伴驾。至今外祖家中还保存着黄缎圣旨多道呢。”与史实不符。

根据《绍兴县志》(绍兴县地方志编纂委员会编、中华书局1999年出版)：“宋代进士、参议大夫陈远(履泰)，字嘉言，时驻上虞，后其子孙在附近迁移……。其中陈远有一孙江二迁居平水。江二之孙闰二在明代迁居绍兴车家浦，为车家浦陈氏始祖。”

根据裘吉生长孙裘启敏回忆：“祖母陈涵家是很富实的，

我十岁时过年去车家浦拜年，大舅公、四舅公家我都去过，家园很大，是个有钱人家。”

可见，陈涵不是“穷僻乡下的姑娘”，而“祖上有人与皇上生得十分相像，因而曾入宫伴驾”则纯系杜撰。

28.《国医》第32页倒8行“裘庆元在陈家相对优裕的环境里，一面学医自疗，一面专心读书。……1892年（清光绪十八年），经过近两年的静心自疗和休养，他的肺痨消失了，……他与陈涵结为夫妇，并重新回到父亲的钱庄上班。”

根据裘吉生长子裘诗新撰写的“故浙江名中医裘吉生事迹”一文所记：“故浙江名中医裘吉生先生……在壮岁时患肺结核已濒危殆，诸医束手，谢绝治疗。先生闻而发奋闭户自习医学以自疗，首检诸医处方之有效者，对证《本草》以了解其疗效之所在……”可见裘吉生在患肺结核病濒危并“诸医束手”后是“发奋闭户自习医学以自疗”，并没有去陈家“近两年的静心自疗和休养”。

29.《国医》第33页倒12行“因此，古人治疗肺痨多以大队甘寒滋阴之品，往往有闭火、壅痰、碍胃之弊，不但收效甚微，或致病情加重。裘氏治肺痨五法，颇有新意，补阴而不凝滞，泻火而不苦寒，补脾而不温燥，确属良方”

裘吉生对肺痨病的病因病理和治疗方法都很有研究，并撰写了专病专著：“肺病症状及其治疗法”。他在文中说：“余十八岁时即开始为人治病，即因自患肺病，为医者拒绝不治，自己用甘寒滋养之剂而愈。后遂由亲及友，咸以肺病求我诊治。五十年来，用此方法，治愈三期重症者不知其数，一二期轻病无论矣。此非余之自夸，乃不过冀人信守忌用苦寒专用甘寒之现身说法耳。西医对是证，除日光疗法、空气疗法外，尚无特效药物发明。我国医界，应负重大责任，除此人类之大患。”

裘吉生从自患肺病至三期重症后自己治愈，之后从医，五十年来治愈肺痨患者无数，都是用的甘寒滋养之剂。他用中药治疗肺病的经验主要是忌用苦寒败胃和香燥劫液之品、恒用甘寒滋养。他在“肺病症状及其治疗法”一文中说：“甘寒即滋养……滋养是壮水以济火而救肺，乃根本之治疗法也。”“必不妄用苦寒之药，因苦寒败胃，胃一败，是医者反使其母子同病。服苦寒百无一生，服甘寒百无一死。”“肺病不但苦寒败胃之药禁用，即香燥劫液之品亦忌之。”

《国医》文中说：“古人治疗肺痨多以大队甘寒滋阴之品，往往有闭火、壅痰、碍胃之弊，不但收效甚微，或致病情加重。”显然背离和弯曲了裘吉生的治肺痨要在甘寒滋阴的经验。后文虽有：“裘氏治肺痨五法，颇有新意……”，但裘氏治肺痨五法皆不离“甘寒滋养”根本治疗法则。而且在裘吉生的专著《肺病症状及其治疗法》中已有许多用药加减法来治疗肺痨兼症，如：病者舌被厚苔，川贝改浙贝三钱，破麦冬改破天冬三钱或加炒米仁四钱；大便略见溏薄者去元参，加怀山药三钱；如病者在病剧时患过便泻，可加炒于术一钱、湘莲去心十四粒；肝火旺而易动怒者，加石决明二钱、生牡蛎四钱；如病者舌无苔而光绛者，相火大旺，津液日涸，麦冬可改用带心，另用鲜石斛三钱、中生地四钱；肺病初期，而痰中先带血点或血丝，或见满口血者，加仙鹤草三钱、茜草根炭三钱、侧柏炭三钱、藕节四钱等等。已经可以避免滋阴法“往往有闭火、壅痰、碍胃之弊”。

30.《国医》第33页倒5行“二是注意饮食调养，可食百合、柿饼、雪梨、苡仁、莲肉、桂园、团鱼、猪肺等，以补脾、润肺、养阴”

肺痨患者适宜甘寒滋阴，饮食亦宜甘寒滋养。此文中桂园性温容易助火，不适合肺痨患者作为调养品。

31.《国医》第34页第5行“19世纪已经走到了末尾，……绍兴作为文化乡拥有众多的文人学士，在政治上具有强烈的敏感性，其时有不少学有所成者如蔡元培等，都在京城供职，因而那时虽尚无报纸一类传播工具，但通过各种渠道各类消息还是不断地传来。”

《申报》1872年4月创办于上海。《大公报》1902年6月创办于天津。因此“那时虽尚无报纸一类传播工具”不符史实。

32.《国医》有三处说“裘庆元易名吉生”：(1)第47页第5行“只是裘庆元易名吉生，是在他悬壶行医以后，……”；(2)第54页倒5行“虽然这时裘庆元尚未易名吉生，由于以医名世是在易名‘裘吉生’之后，因而人们只记得裘吉生了。”；(3)第88页第10行“在挚友们的劝导鼓励之下，他遂以‘遇病化吉、就医皆生’为愿，将字‘激声’改为‘吉生’。”

裘吉生名庆元，字吉生，以字行。不存在“裘庆元易名吉生”事。只有早年从事辛亥革命时，别署“激声”志其对清廷腐败之愤激。裘吉生长子裘诗新在其撰写的“故浙江名中医裘吉生事迹”“人生路漫漫”中都明确记述了“裘吉生名庆元，字吉生”。裘诗新给笔者的信中曾说：“父亲居长，家谱以庆字为排行，故名庆元。吉生为原字，非行医后始改者。惟激声与吉生同音，故从事革命时，以激声名。其早晚之间，

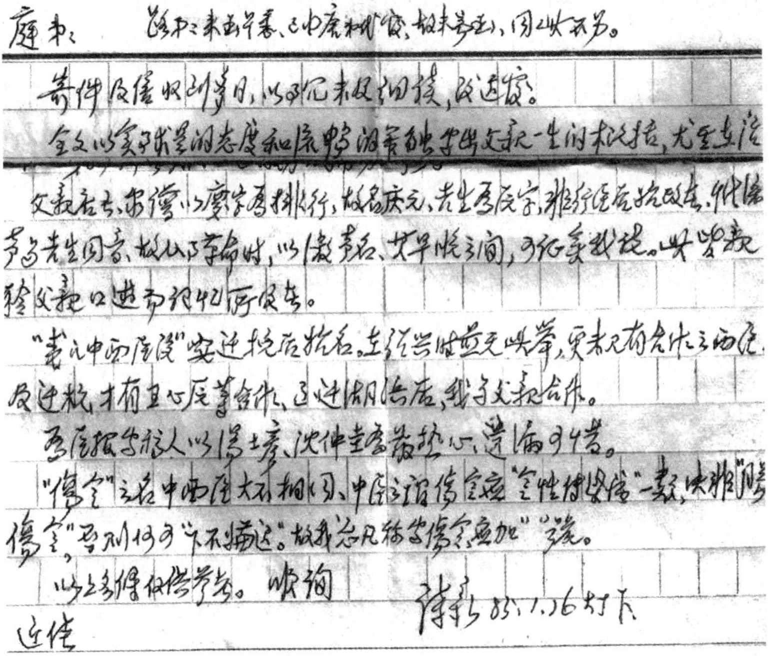

图 1－9 裘诗新写给裘诗庭的信（1985 年 1 月）

可证实我说，此皆亲聆父亲口述而记忆所及者。”又据《现代汉语词典》（中国社会科学院语言研究所词典编辑室编 1978 年商务印书馆出版）：“根据人名中的字义，另取的别名叫‘字’”。“庆元”，字“吉生”，“吉生”这个“字”显然符合“庆元”这个“名”的字义。裘吉生在从事民族民主革命中虽曾具名“激声”，但“激声”并不是早年的“字”。

33.《国医》第 68 页第 13 行“就在他逗留上海的日子里，中国医学会成立了，中医学界第一次有了自己的组织。周雪樵主编的《医学报》，于是成为该会的机关刊物。……是年年底，他终于返回故里。值得诅咒的 1907 年终于过去了。”《医学报》创刊和中国医学会成立的时间有误。

根据“互动百科”词条：“清末医家周雪樵于 1904 年创办《医学报》及医学研究会。1905 年又会同蔡小香、丁福保、何廉臣、王问樵等，联络各地医会，组建全国性质的医学团体‘中国医学会’。”

34.《国医》第 68 页倒 9 行“值得诅咒的 1907 年终于过去了。人们在悲愤之中迎来了又一年，……经过近半年时间的筹备和联络，这年 6 月，绍兴医药学研究社终于成立了。同道们推举何廉臣为社长，裘激声为副社长。”绍兴医药学研究社的成立时间有误。

根据《绍兴医药学报》第四十六期刊载“县知事告示”：“查绍兴医药两界素重学术，平时在营业期间外常加研究，前清光绪三十一年曾办医药学研究社，从事编辑学报阐明古旨，后又合办医药联合会。”光绪三十一年即 1905 年。

35.《国医》第 70 页倒 7 行“至宣统元年（1909）8 月，《绍兴医药学报》已经出了 16 期。正在裘激声为此日夜忙碌……上海方面同盟会总部传来书信，要他即日前往，并告知要带足行李，具体事宜待到后面谈。裘激声再一次‘转换阵地’，匆匆赶赴上海。”《国医》第 73 页第 9 行又说：“1909 年的暮春时节，裘激声与俞英崖一起，踏上奔赴东北的旅程。”

根据《绍兴医药学报》第七卷第三号刊载裘吉生撰“采参”一文，文中记述：“方余之游辽东也，时在光宣年间，初至即住辽阳官署，……后一年留沈阳，与同乡僚友创仁济药局。”“光宣年间”一般应指 1908 年。

又据裘吉生的门生郑琴隐在其撰写的“记江浙名医裘吉

生”一文，文中记述：“先生与我们门人谈到他早年参加民族革命的若干情况……他说他和徐锡麟、秋瑾参加光复会是经蔡元培、蔡国卿兄弟的关系，在绍兴创办大通学堂作为革命机关……于徐锡麟、秋瑾被害后，即被清廷指名通缉，乃于1908年农历正月经过上海逃往奉天。……”

以上两文合参，裘吉生离绍兴经上海去东北应在1908年初。在徐锡麟、秋瑾于1907年被害后，而且裘吉生也已被通缉，不可能继续在绍兴从1908年至1909年安于编辑中医杂志。较为合理的是裘吉生在徐、秋就义不久即避居上海并参与同盟会活动（时蔡元培任同盟会上海分会负责人）。至1908年初受同盟会派遣去东北以办实业之名为同盟会筹集资金。

36.《国医》第71页第4行“1909年（清宣统元年）。上海车站。……沪杭甬铁路在筑筑停停多年以后，终于在这年全线通车了。”

根据“浙江铁路百年历史”记述：沪杭甬铁路，沪杭段1906年10月开工，1909年5月竣工。宁波至曹娥段，1910年6月开工，1914年竣工。萧山至曹娥段至1937年才建成通车，于1938年因战争又全部拆除。1953年开始重建萧甬线，1959年萧山至宁波全线通车。所以，1909年沪杭甬铁路“全线通车”之说不符铁路史。

37.《国医》第71页第4行“1909年……裘激声这是第三次来到这个繁杂喧嚣的都市了……12年前，第一次来上海，……再度来沪，是在10年以后，从水路转陆路，走走停停，充满艰辛。道路的崎岖一如他心情的愤懑。他的身子在朝上海走，心却牵挂着滴血的故里。上海，是亡命之地，是无奈之乡，他在到达的时候，还在反问自己：此去应是何方？”

按该文著者所列时间推算，所谓“再度来沪”是指 1907 年。当年，徐、秋二烈士遇害，裘吉生亦被通缉。为革命形势所需要，他从绍兴到上海，联络上海的同盟会同志。于 1908 年初奉同盟会组织派遣去东北以办实业之名为同盟会筹集资金，继续从事革命。当时虽然革命事业受挫，但在同盟会的指引下，裘吉生依然斗志昂扬，革命道路清晰。在东北沈阳、铁岭办电厂、煤矿、电灯公司、药局等等即是明证。因此，裘吉生在 1907 年到上海后不存在该文所说“此去应是何方?”的彷徨。而该文所说的“上海，是亡命之地，是无奈之乡”等等对革命失去希望的绝亡论调更是错误的，既远离史实、也是对裘吉生等同盟会革命志士的藐视。

38. 《国医》第 72 页第 10 行“慈禧、光绪死去以后，小皇帝溥仪继位，由其父载沣监国，清廷已在风雨飘摇之中。又加载沣一上台，就着手组织满族内阁，将北洋新军的首领袁世凯排挤放逐，这就引起立宪派士绅和北洋军将领的不满，内部的倾轧也越加激烈。”

该文说清廷将“袁世凯排挤放逐”不符史实。

根据《现代汉语规范词典》（外语教学与研究出版社、语文出版社 2004 年出版）对“放逐”解释为：“古代指把有罪的人驱逐到边远地区”。

根据《从鸦片战争到五四运动》（胡绳编著，红旗出版社 1982 年 11 月出版）一书记述：“反动统治阵营内部的各种势力，在他们共同乘坐的船面临覆没的危机时，一方面要协力挽救危机，一方面他们之间为争夺权力而形成的倾轧和争夺免不了更加激化。以满族皇室为中心的中央统治势力，在为革命的风潮闹得惶惶不安的时候，又感到必须提防统治阵营内部发生动乱。他们担心各省督抚在危机到来时另打主意、另立门户。最使他们忌恨的是实力雄厚而又野心勃勃的袁世凯。袁世凯在戊戌变法时不受光绪皇帝的拉拢，出卖了维新派，因而赢得了慈禧太后的宠信。他在庚子事变中同刘坤一、张之洞站在一边，完全按照帝国主义者的利益行事，因而又为帝国主义者所中意。李鸿章在光绪二十七年死后，他继任直隶总督兼北洋大臣。他所训练和指挥的北洋军队六镇是当时最强的兵力，分驻在山海关、天津、北京、保定以至东北的锦州和山东济南至潍县一带。他除本职外还有许多兼差，他的衙门设在天津，俨然成为举足轻重的势力。光绪三十二年七月朝廷宣布预备立宪之后，第一个步骤就是所谓厘定官制、消减地方督抚的权力……袁世凯在这种压力下，只好奏请免掉他的各项兼差，并把北洋六镇中的四镇交给新成立的陆军部，而只保留驻在山海关和天津附近的两镇仍归自己指挥。差不多同时，湖广总督张之洞也把他所辖的军队交给了陆军部，张之洞是当时另一个重要的地方实力人物。到了光绪三十三年七月，袁世凯被调任外务部尚书兼军机大臣，这就使他离开了直隶总督兼北洋大臣这个实力地位。……袁世凯虽然在形式上被剥夺了军权，但是北洋六镇中除第一镇以外的军官都是忠于他的僚属，和他保持着密切的关系，例如驻北京的第六镇的统制段祺瑞就是他一手提拔起来的。袁世凯被侵略中国的各主要帝国主义国家认为是可以信赖的人。……慈禧死后，朝廷权贵更感到必须防范袁世凯。新皇帝上台后两个月，袁世凯的一切职务都被免掉了。被赶出朝廷的袁世凯住在河南彰德的洹上村，名曰退隐，其实是在窥测时机，准备卷土重来……在朝廷中掌权的亲贵们的心目中，如何对付由各省谘议局掀起的请愿风潮，并不只是如何对付立宪派绅士们的问题。他们担心在这些绅士后面有地方督抚的支持，而在这些督抚后面又隐藏着他们仍然需要提防的袁世凯的影子。”

又据《中国近代通史》（张海鹏、李细珠著，江苏人民出版社2006年出版）记述：“1908年11月14、15日，光绪皇帝与慈禧太后相继去世，清末政局因此大变。此前，慈禧太后已经对朝政作了安排：以载沣的儿子溥仪‘入承大统为嗣皇帝’，即宣统皇帝，以载沣为监国摄政王。……当其时，权倾朝野的袁世凯是载沣最主要的政敌。虽然在慈禧太后去世前袁世凯已被解除直隶总督与北洋大臣的军政大权，仅任军机大臣兼外务部尚书之职，但他在北洋军中遍布党羽，‘近畿陆军将领以及几省的督抚都是袁所提拔或与袁有秘密勾结’。他们‘只知有宫保而不知有朝廷’。……‘实际上当时的军政大权已操诸袁世凯之手’。这是载沣集团面临的最大难题。眼看着自己要大权旁落，监国摄政王将徒具虚名，于载沣而言，袁世凯是非去不可了。他开始打算杀掉袁世凯，但由于载沣生性懦弱无能犹豫不决，便商之于朝廷大臣，而遭到奕劻、那桐、张之洞的反对。最后只是于1909年1月以‘足疾’令袁世凯‘回籍养痾’，解除其一切职务……致使袁世凯能够于‘辞去军机大臣而返回河南之后仍在暗中操纵一切’。”

因此，清政府跟袁世凯之间始终存在着权力之争，不论在光绪时代或宣统之后。宣统之后袁世凯虽曾被免职，但还是个实权人物，免职后仍住在中原地区，没有被“放逐”。

39.《国医》第81页第2行“革命党人决定以省咨询局名义召开大会，准备采取行动。不料，驻扎在奉天郊外的巡防营统领张作霖，突然带领2500人军队进入奉天城内，”与史实不符。

当时张作霖驻在洮南，洮南在吉林省西北的近蒙边境，不是什么“奉天郊外”。

根据“百度百科”张作霖词条：“1908 年，徐世昌把剿匪得力的张作霖调到辽宁西北部的通辽、洮南一带，去剿除被沙俄收买的蒙古叛匪。……洮南一带是广阔无垠的大草原，是蒙匪活动的根据地……1909 年，徐世昌看到张作霖的兵力不足，便给他扩编，增强他的实力……这样张作霖的部队增至 3500 人，成为东北的一支劲旅。……武昌起义的消息传来，东北革命党人群情振奋，准备积极响应。……张作霖是个有很大政治野心的人，他不甘心在西北的洮南呆一辈子。……得到这个重要消息，他认为天赐良机不可错过，这是他大显身手的时候了。他当机立断，立即亲率所辖步骑 7 个营的全部人马，从洮南出发，马不停蹄，日夜兼程，直奔奉天。”

40. 《国医》第 81 页第 4 行“不料，驻扎在奉天郊外的巡防营统领张作霖，突然带领 2500 人军队进入奉天城内，并随即占领了各处要点。……紧接着，张作霖约见张榕。他知道张榕必有警惕，不会到衙门里来，故意约他在一个澡堂里见面，说是叙旧。谁知等张榕一踏入澡堂前屋，埋伏在内的兵士，立即开枪将他乱枪打死。……一连数日，大肆搜捕革命党人。”

根椐《民国史 · 张榕传》（夏双刃著）：“张榕字阴华……亡命日本，入士官学校，未几入同盟会。……宣统二年（1910）返大连，任奉天营务处提调，复擢总督府军事参赞。次年赵尔巽为东三省总督，颇重榕才。榕欲趁清军大操，率民军入关直捣京师。议未定而武昌首义矣，乃与吴景濂、蓝天蔚谋举事。赵尔巽恐新军生变，调张作霖进驻奉天，又组保安会，自任会长，以榕、吴景濂、袁金铠、伍祥祯为副。未几，尔巽解蓝天蔚兵权，迫其出亡，党人大哗而溃散。榕见势愈弱，乃与吴景濂、柳大年、张根仁、李德瑚创联合急进会，自领会长，其宗旨为逼帝去位，另建满汉联合共和政体也。又恐清帝东归，乃令炸断京奉铁路。南北议和，赵尔巽与榕亦约停战，此尔巽拖刀之计也。旋捕柳大年、张根仁等，并令张作霖杀张榕。民元元月，袁金铠宴榕与作霖于德义楼。宴毕尚并肩而出，卒为作霖麾下于文甲刺中。……张榕既殁，其姊走北京，泣血为申诉，卒不得理。唯孙总统与南京遥为追悼会，知其乃关东革命第一人也。”

41.《国医》第82页倒10行“先是光复会领导人之一的陶成章，在上海广慈医院治病中被刺身亡，凶手被当场擒获。这个叫王竹卿的凶手竟是同盟会的会员”

凶手王竹卿曾是光复会会员，但不是同盟会会员。凶手也不是“当场擒获”。

查《维基百科》王竹卿词条、百度文库《蒋介石传》《党史信息报》等对此事皆有记载：王竹卿是光复会会员，有称其是“光复会叛徒”，但均无王竹卿是同盟会会员的记载（光复会会员参加同盟会均以个人名义参加）。所查几种书的细节描写虽不尽同，但大体上还是一致的结论：陶成章被暗杀后，王竹卿逃离。事后得悉消息的孙中山、黄兴均拍电报给时任沪军都督的陈其美，要他缉拿凶手。陈其美调动警察四处侦察，光复会也大举出动，终于在嘉兴找到了王竹卿的下落。不久，王竹卿被缉拿归案，后被处死。

42.《国医》第82页倒4行“几天以后，彭家珍又在北京街头，用炸弹投杀清廷干将、军咨府军咨使良弼，当场被卫兵打死，两天后，良弼也伤重死去。”彭家珍不是被卫兵打死。

据《百度百科》彭家珍词条：“……他随手掷出炸弹一枚，把良弼炸成重伤。不幸的是，一块弹片从下马石回弹进他的后脑，当场牺牲。”

又据“同盟会员彭家珍：清末民初暗杀时的最后刺客”一文中说：“良弼车至，彭家珍投刺进谒。良弼接过片子，看来人似乎不是崇恭。正讶异间，彭掏出怀中炸弹猛掷，巨声如惊雷炸柱，良弼左腿肉飞骨断，血流遍体。彭头部被弹片击中，当场殉国。”

43.《国医》第85页第4行“1914年（民国三年）。绍兴城内水澄巷口，新开设了一家医院。……在这里开设的‘裘氏医院’”

绍兴城内水澄巷口是裘吉生家居住处，1914年在水澄巷口（大木桥）也曾挂牌行医，但属于“医寓”性质，并没有称为“裘氏医院”。“绍兴裘氏医院”开设在上大路北海桥附近，开设时间应在1916年下半年以后。

笔者在1982年曾专程去绍兴向年逾八旬的老中医周雪君、金仲扬等咨询有关当年“裘氏医院”情况，几位老中医的回忆一致认为裘吉生创设的裘氏医院在上大路伞店弄口（北海桥）。

又据《绍兴医药学报》第八卷第五号（刊于1918年5月）在“纪事”栏目中有“新会员题名”一篇，篇内“贾君玉衡”“陈君士美”均为绍兴人，介绍者均为“裘吉生君”，两处注明通讯处均为“绍城北海桥裘氏医院”。

紹興醫藥學報

本分會紀事 一〇

務部飭查醫生履歷照原頒表格須有畢業學校文憑者爲合格嗣令中復文陳述中醫素無學校故無文憑惟十年前同人等禀辦醫藥學研究社互相研究應請與學堂畢業者得以等其資格云云次會計報告一年收支次投票更選職員次開票裘君吉生四十六票當選爲正會長胡君瀛嶠卅六票當選爲醫界副會長張君若霞八票當選爲藥界副會長何君廉臣廿九票陳君心田廿三票包君越湖十五票周君越銘十三票高君慎生十一票史君慎之十一票高君德僧嚴君紹岐錢君養安各十票曹君炳章孫君康侯各八票張君子光趙君仲友各六票吳君麗生朱君俊臣各五票十五人皆當選爲評議員陳君慎齋五票陳君仙士駱君保安王君行恕各四票錢君少堂徐君仙槎各三票徐君鑑槎何君幼廉潘君文藻葉君堯臣各三票十人皆當選爲調查員再文牘員由周君越銘兼任會計員由孫君康侯兼任交際員由汪君竹安周君汝楫擔任庶務員由錢君養安陳君慎齋擔任書記員由嚴君紹岐吳君麗生擔任次攝影次搖鈴散會閉裘君吉生以他務冗繁已提出辭

紀事

職書於會中照章當以次多數胡瀛嶠君遞補爲正會長何廉臣君遞補爲副會長

新會員題名

陶君運榮	紹興人	介紹者胡瀛嶠君	通訊處 紹興平水乾豐茶食號
陶君鳳慶	紹興人	介紹者胡瀛嶠君	通訊處 紹興平水礪泰茶漆號
陳君近三	紹興人	介紹者張若霞君	通訊處 紹興漓渚中市
陳君仙士	紹興人	介紹者胡瀛嶠君	通訊處 紹城水溝營
楊君幼卿	紹興人	介紹者裘吉生君	通訊處 紹興東浦全美街
史君久鏞	紹興人	介紹者裘吉生君	通訊處 紹城史大昌磚灰店
劉君海驄	紹興人	介紹者孫康侯君	通訊處 紹城香橋孫侯康醫寓
賈君玉衡	紹興人	介紹者裘吉生君	通訊處 紹城北海橋裘氏醫院
陳君士美	紹興人	介紹者裘吉生君	通訊處 紹城北海橋裘氏醫院
王君竹亭	紹興人	介紹者錢養安君	通訊處 紹興城中

本分會紀事 一一

图 1－10　绍报“纪事”栏目刊载“新会员题名”

44.《国医》第 85 页第 10 行“在这里开设的‘裘氏医院’，兼有中医西医，”

“绍兴裘氏医院”仅有数名中医，并无西医。

根据裘吉生长子裘诗新回忆：“‘裘氏中西医院’要迁杭后始名，在绍兴时并无此举，更未见有合作之西医。及迁杭才有王心原等合作，至迁湖滨后，我与父亲合作。”

（见 33 页图 1－9）

45.《国医》第 88 页第 11 行“故居门前，挂出了‘裘氏医院’的牌子，悬壶明志。”

裘吉生故居应是水澄巷口，此处并未挂过“裘氏医院”牌子，绍兴裘氏医院在上大路北诲桥。详见“43 条”

46.《国医》第 91 页第 5 行“‘温病学’则是在《伤寒

论》的基础上，由明代王安道所创始而为清代叶天士、吴鞠通所发展而形成的中医学术派别。”

说温病学是明代王安道所创始不符史实。自春秋至汉代已经存在的中医经典《黄帝内经》《难经》《伤寒论》皆有关于温病的论述。《内经·素问》“生气通天论”曰：“冬伤于寒，春必病温”。“热论”曰：“凡病伤寒而成温者，先夏至日者为病温，后夏至日者为病暑。”《难经·五十八难》曰：“伤寒有五，有中风，有伤寒，有湿温，有热病，有温病。”《伤寒论·太阳病篇》曰：“太阳病，发热而渴，不恶寒者为温病。”

因此，温病学在春秋战国时代即已萌芽，而宋金元是温病学的成长发展阶段。宋代庞安时、朱肱提出《伤寒论》方在运用时应根据季节和地区的不同进行加减。金代刘河间提出：“六经传受，自浅至深，皆是热证。”元代王安道强调温病与伤寒不可混称混治。温病学在明清得到完善。明代汪石山提出“新感温病”的学说，吴又可提出“疠气”说主要研究传染性较强的温疫病。清代叶天士提出“温邪上受，首先犯肺”，吴鞠通提出“温病由口鼻而入，自上而下，实通于肺，始手太阴”，以叶、吴为代表的温热学派提出了卫气营血和三焦辨证体系，形成了温病学派。

47.《国医》第91页末行“裘吉生在临床用药上，十分注重对各家学识既吸收又要扬弃。如治疗小儿泄泻，用焦冬术、炒白术、煨木香、茯苓、焦鸡金、大枣、姜片等组方，”

白术种植到冬季采集者称为“冬术”，因过早采嫩未老熟，冬令则精华汇聚于根，健脾之功尤胜。但一般处方不会同时用冬术和白术，笔者阅读裘吉生处方（存底）甚多，未见有一张处方同用冬术、白术的。

48.《国医》第94页第3行“……还编述医德格言，著述《医士道》一书，发行全国，宣传医德。在发行《三三医书》时，第一部即是他亲自辑录而成的这本‘医士之德’书。”

这段有两处错讹：（1）《医士道》一书不是裘吉生著述的，《医士道》是裘吉生编辑发行的“绍报刊行医药丛书”之一。（2）裘吉生编辑发行的《三三医书》第一集第一种是《温热逢源》，而且《三三医书》中并无《医士之德》一书。

49.《国医》第94页倒8行“此后，他还专门写了《医医医》一文，抨击不良的医行，宣扬高尚医德。”

《医医医》一文系清代孟今氏所著，不是裘吉生撰写的。但裘吉生赞同孟今氏的著述，故在编辑《三三医书》时将《医医医》一书辑入为第二集第九种。

50.《国医》第97页第12行“1906年至1910年，何廉臣曾连任绍兴医学会会长、绍兴医药学会会长及绍兴中西医协会监察委员会委员长。”

根据《绍兴医药学报》，在“1906年至1910年”既无“绍兴医学会”，也无《绍兴医药学会》《绍兴中西医协会》，当然更无“会长”“委员长”之称。光绪三十一年（1906年）绍兴医药界组建了“绍郡医药学研究社”，《绍兴医药学报》第一号即刊有“绍郡医学研究社简章”“本社启事”、“绍郡医药学研究社社员题名录”“发刊辞”等。“第一号”还刊有按“大会时举票之多寡”公举何廉臣为社长、裘吉生为副社长、包越湖为副社长。民国四年（1915年）《绍兴医药学报》第四十六期刊有“将医药学研究社及医药联合会改组神州医药分会……并公举胡赢峤为正会长、裘吉生宋尔康为副会长。”民国五年（1916年）《绍兴医药学报》第五十八期刊有“本分会大会纪事”：“……更选职员……评议长何廉臣君……会长裘吉生君、副会长胡瀛峤君宋尔康君。……”

51.《国医》第97页第12行“何廉臣曾连任绍兴医学会会长、……于1908年参与创办《绍兴医药学报》，任副总编（裘吉生任总编），至1910年停刊时，已名噪江浙一带。1915年，神州医药学会绍兴分会成立，何氏因学业精深，素孚众望，又连续三次被选为评议长和外埠评议员。《绍兴医药学报》于同年复刊后，何氏仍主持编务，直至1922年裘吉生离绍时又出版了80期，在海内外产生了广泛的影响。”

这段有三处错讹：（1）《绍兴医药学报》在1908年创刊后于1911年停刊。《绍兴医药学报》第四十六期（民国四年出版）刊有“绍兴医药学报，前已出版数十期，风行海内，为世宗仰，嗣因光复事起，国事蜩螗，暂行停版。……”因此说“1910年停刊”是错讹。（2）裘吉生离绍时间是1923年。《三三医报》第八期（民国十二年出版）刊有裘吉生撰文“高氏万应药茶说明书”，文中裘吉生自述：“今年予迁居杭垣……”。因此说“1922年裘吉生离绍”是错讹。（3）《绍兴医药学报》自1911年第44期出版后停刊，1915年复刊为第45期，至民国十二年（1923年）裘吉生离绍迁杭时已出版至第141期，所以复刊后应该又出版97期。因此说“又出版了80期”也是错讹。根据《绍兴医药学报星期增刊》汇订本（民国十三年再版）所刊“三三医报”一文：“本报创刊于前清光绪戊申年，在绍兴共出月刊一百四十一期，星刊一百五十八期，木刻及铅印先贤遗著医书一百数十种。民国癸亥夏迁移杭州改出本报按旬发刊。”

52.《国医》第 97 页倒 8 行“何廉臣的儿媳有一次患了腹胀便秘症，何老自己行方，并不见效。便邀裘吉生前去诊治……服药以后，果然灵验。何廉臣不解，便差其子幼廉去问理由，裘吉生坦告：‘我到床前诊脉时，见痰盂中所吐出者皆火腿蹄肉残渣，食尚在胃，未曾化粪，故先打粪不能见效，需先服消食药后，其腹中积食消化才能通便。’何廉臣听了，笑着连说：‘后生可畏！’”

这段有两处错讹：（1）这段话显然摘自裘吉生著《学医方针》，在《学医方针》第七章第二节“治疗须用活法”中裘吉生举了这个为何廉臣之媳处方治病的故事。他在讲述用消化肉食方治疗患腹胀便闭症后，原文为：“他命其子幼廉世兄问我理由。我告以我到床前诊脉时，见痰盂中所吐出者皆火腿蹄肉，食尚在胃，未曾化粪，故先打粪不能见效，服消食药后其食已化耳。”《国医》著者将“吐出者皆火腿蹄肉”改为“吐出者皆火腿蹄肉残渣”已是不妥，食物入胃经过胃的消化、再由小肠的吸收精微（营养全身）之后，余下的食物残渣经过大肠（吸收水分）排出体外，因此胃内食物通常不称为“残渣”。而且其所加“腹中积食”一句所指也不如原文“食尚在胃”明确。更费解的是《国医》著者在更改裘吉生原文按已意撰写后仍加上引号，易使读者误认为引号内系裘吉生原文。（2）这段文字末尾有：“何廉臣听了，笑着连说：‘后生可畏！’”系杜撰。何廉臣和裘吉生是同一辈人，是挚友，也都是名医，而且古人多谦，何廉臣怎么可能称裘吉生为“后生”呢？

53.《国医》第98页第4行“曹炳章是裘吉生的另一位同行好友，……祖籍鄞县。他的父亲曾是宁绍国药界先辈，15岁随父亲来到绍兴，进太乙堂药店当学徒。……1896年到文裕药行当员工，名医方晓安是这家药行的股东，见他常常一面做事，一面插空看书，认为这青年很可培植，就教他学医，收为门徒，把自己的学识经验悉心传授，历时七载。而后曹炳章在绍兴开业行医。他独立执业以后，又拜名医王馥原、邵兰荪、何廉臣为师，因而医术业务长进很快，名声也逐渐兴隆。”

根据《宁波民国藏书楼》记载：“曹炳章，字赤电，鄞县曹妙乡曹隘人。自幼随父在绍兴经商，二十岁从慈溪方晓安游授医学，七年入门，后继续自学，钻研隋·巢元方《诸病源候论》及明清百家医学、自设诊所四十余年……”

又据《绍兴医学史略》（中华全国中医学会浙江省绍兴县分会编）曹赤电词条：“曹赤电，字炳章，又名琳笙，后以字行。生于1878年……1898年从名医方晓安历时七载，遂专攻“内”“难”“伤寒”“金匮”及诸大家书，先后十余年，颇有心得，复不自满足，又与绍兴名医王馥原、邵兰荪、何廉臣时相过从，析疑问难，故学日进而技愈精，晚年与裘吉生亦成莫逆之交，……”

可见：（1）“他的父亲曾是宁绍国药界先辈”与史实不符。（2）“拜名医王馥原、邵兰荪、何廉臣为师”与史实不符，和几位绍兴名医只是“时相过从、析疑问难”。

54.《国医》第98页第13行“曹炳章亦是一位致力中医药改革的热心人。1901年，他进春成堂药店服务，并附设诊室。同年夏季，应邀主持绍兴中医药界创办的施医局，每天应诊病人达到一百多号”。

这段三处错讹：（1）曹炳章于1901年进春成堂药店系杜撰，根据《绍兴医学史略》（中华全国中医学会浙江省绍兴县分会编）附录的“绍兴城关药店录”，绍兴并无“春成堂药店”。（2）查《绍兴医学史略》，在1901年并无“绍兴中医药界创办的施医局”。绍兴最早的施医局（同义施医局）成立于1903年。同善施医局成立于1920年，凌霄社施医局成立于1928年，仁寿施医局成立于1946年。（3）1901年夏季曹炳章“应邀主持绍兴中医药界创办的施医局”是不可能的事。根据《绍兴医学史略》等医史记载：曹炳章于“1898年从名医方晓安历时七载”，在1901年尚是年青学徒，如果有绍兴中医药界创办的施医局，也不可能被邀请主持。当年的施医局一般由名贤慈善人士创办、并聘请医士义诊。

55.《国医》第99页第10行“曹炳章与裘吉生同样爱好购藏医书，尽心收集中医药文献。1912年，他所藏5000余种医书遭火灾，焚毁殆尽……”此段所述藏书5000余种遭火灾不符史实。

据《中华中医药杂志》1988年1期载“曹炳章传记”：“他生活俭朴，无嗜好，所得多购医书。1912年已有藏书千余种、集编医案四卷和其他医著十余种。”

又据曹炳章之子曹幼华撰写的“回忆先父曹炳章”一文：“他生活俭朴，一无嗜好，行医所得，多购医书。1912年已有藏书千余种，集编医案和其他医著十余种，后遭火灾……”

56.《国医》第107页倒6行“辛亥革命以后，绍兴更进一步设立了救济院，兼有管理和监督公益机构的职责。院址设在开元寺西头，首任院长由孙德卿之子孙庆麟担任。救济院下面附设有施医所，裘吉生（住上大路）、何廉臣（住宣化坊）、曹炳章（在大街天保堂坐诊）……等，都轮流在这里义诊。每年施诊约有两万人左右……”不符史实。

根据《绍兴县志》第 2186 页：“孙庆麟（1888 – 1943）字虞臣，绍兴孙端人。孙德卿之嗣子。毕业于浙江省立法政专科学校。历任孙端又新小学校长、绍兴成章女校校长兼县立第二小学校长等职。民国十七年（1928 年）出任绍兴救济院院长。……”

又据《绍兴县马山区政协文史资料》：“……1928 年，孙庆麟当了绍兴救济院院长。当时救济院总部设在东街开元寺东首，即今绍兴人民医院的一部分地方。下属有育婴堂（俗称养育堂，在西郭门外霞川桥）、聋哑学校（在斜桥弄）、施粥所（在开元寺）等慈善单位。”

文史资料证实：孙庆麟任绍兴救济院院长是在 1928 年。而裘吉生早在 1923 年已离开绍兴到杭州办三三医院刊印《三三医报》等，不可能去孙庆麟任院长的绍兴救济院“义诊”。裘吉生确实参加过绍兴施医局组织的义诊，但那是在 1920 年，当时裘吉生还在绍兴上大路续办“裘氏医院”。绍兴同善施医局，成立于民国九年（1920 年）5 月。创立者是同善局董事长张琴孙，地址在绍兴城关内开元寺（现绍兴地区医院）。为当时绍兴独一无二的慈善公益事业的医药组织，亦是医界学术活动的场所。各医员以仁为己任，义务轮流值日施诊。自民国九年开设起，每年应诊二万余人次。裘吉生、何廉臣、曹炳章、周越铭、傅伯杨、许兰生等名医士皆热情参加定期义诊。

57. 《国医》第117页倒2行“裘吉生综观《灵素商兑》全书，其语言之专横武断令他深为震惊，虽名为商兑，实则肆其恣意苛薄之笔，对阴阳、五行、脏腑、经络等中医基础理论横加肢解和攻击，他把《内经》视为‘数千年来杀人的秘本和利器’，认为《内经》无一字可取，对《内经》学术一笔抹杀。他说：‘灵素之感人，四千余年于兹矣。……’”

《灵素商兑》确是余云岫反对中医、企图废止中医、用西医理论批判《内经》的代表作，但《国医》一书所述的引文不确。经查阅《灵素商兑》原文，并无“数千年来杀人的秘本和利器”之句，也无“《内经》无一字可取”的文字，而后“灵素之感人，四千余年于兹矣”原文应为“《灵素》之惑人，两千余年于兹矣！”

58. 《国医》第120页第15行“严复的著述曾对裘吉生产生过很深的影响，他在甲午战争之后，发表了很多著作，反对顽固保守，主张维新变法。”

根据《百科全书》严复词条：严复是中国近代思想家和翻译家，系统地将西方的社会学、政治学、政治经济学、哲学和自然科学介绍到中国，翻译了《天演论》《原富》等著作。但严复是满清官僚（历任北洋水师学堂教习、总教习、总办等职），主张变法维新。曾受光绪皇帝接见，撰《上光绪皇帝万言书》，还应皇帝旨令，为清廷国歌“巩金瓯”的作词人。晚年的严复是保守派人物，发起“筹安会”，支援袁世凯复辟帝制，又同情张勋复辟，嘲笑胡适等新文学革命派是“如春鸟歌虫，听其自鸣自止可耳”。而且严复一生嗜吸鸦片，个性狂傲矜张。而裘吉生早年参加辛亥革命，是光复会、同盟会会员，跟徐锡麟、秋瑾等革命志士一起，誓志光复推翻满清皇朝。即使在革命事业受挫、袁世凯掌权执政时裘吉生也是反对袁的倒行逆施，拒绝袁的委任。因此，《国医》一书毫无根据地说什么“严复的著述曾对裘吉生产生过很深的影响”是有违史实的。

59.《国医》第125页第4行“1922年（民国十一年）冬……裘吉生举家迁居杭州。”此迁杭时间错讹。

根据《三三医报》第八期（民国十二年即1923年出版）刊载裘吉生撰“高氏万应药茶说明书”一文，文中记述：“……今年予迁居杭垣。”

又据《绍兴医药学报星期增刊汇订本》中刊有：“本院以杭州之胜甲于全球特于民国癸亥夏由绍迁移建筑病房于吴山之麓”，此处癸亥年即1923年。

可知裘吉生举家迁居杭州是在1923年。

60.《国医》第126页第1行：“儿子诗新已经小学毕业，为使他有更好的学业环境，已送去杭州就读英文专修学校。妹妹裘国强（庆媛）亦随妹夫居住上海，……。”此段有三处不符史实：（1）迁居杭州时裘吉生长子裘诗新尚未小学毕业。（2）裘诗新转去杭州读书的原因是裘吉生举家迁居杭州，而迁居杭州的原因是为了更好地刊印流通中医书籍，并不是“为使他有更好的学业环境”。（3）当年裘吉生的四妹和四妹夫是居住在杭州（板儿巷），并不是“居住上海”。

根据裘诗新撰写的“人生路漫漫”（1989年发表于《诤友》杂志）：“在我快念高小三年级时，我们全家决定迁杭州居住。父亲于学年开始前送我去杭州四姑夫家寄住。四姑夫叫高凤州，字小波，执律师业。其住处对面福缘巷口有一英文专修学校，招收高小二年级以上学生。经入学考试及格，遂躐等进入中学。”

裘诗新

人生路漫漫

第二章　学　业

在我快念高小三年级时，我们全家决定迁杭州居住。父亲于学年开始前送我去杭州四姑夫家寄住。四姑夫叫高风州，字小波，执律师业。其住处对面福缘巷口有一英文专修学校，招收高小二年级以上学生。经入学考试及格，遂躐等进入中学。该校以英文为主，一切史地等课均系英文，在我毫无外文根基的一个小学生，开始学习时的艰苦，可以想象。校长徐民谋，上海沪江大学毕业，教育极勤恳，教员亦均为杭城教育界名流。教中文的老师有龚瑶济氏，更蜚声文坛，课中兼讲《小学》即《六书》之义，习《许氏说文》。

英专仅读二年，时家已迁杭，住城隍山麓四牌楼，乃转入处于城隍山巅的一座中学——三才中学。校长戚鹤年，与父亲友善，开始读正规中学旧制二年级。个别教英语的教师系兼课教师原在英专者，颇感亲切。不久中学学制，由旧制四年改为初、高中的三、三制。我嫌该校质量不高，要求转入城中区的蕙兰中学，按学制规定迁入为高中一年级生。余课尚能接受，惟数学代数总跟不上，盖我在高小时未读完三年级，分数未及学而遥入代数，以故茫然无所措了。蕙兰系老牌的教会学校，教学质量甚高。校长徐佐青系一老教育家，时已任校长近二十年。学生们课外还念《圣经》，唱《赞美诗》，每周还须做“礼拜”。记得有一次礼拜时为一个虔诚者做洗礼，蕙兰是属圣公会兴办的学校，洗礼时长老会，只要于你眉心处点些“圣水”即可，而圣公会要将虔诚者连外衣都不脱投入水池中，然后一把托起，方完成洗礼，说这样才能涤除罪恶，将来可升天堂。我虽童稚，恰不为然。尝思如果这样可以脱罪，坏人倒有了出路了。

读到高中二年时，苦于数学难以应付，适浙江广济医科大学招生，凡旧制中学毕业或新学制读完高中二年者均可应试。我很数学困难，不若弃而习医，乃试往报考，竟得录取。从此正式进入大学学程，结束了多年来我这个“躐等”过日子的中学生活。

广济系旧制大学，五年学课中第一年为预课念生理、解剖、化学等课程，耐心学习，颇感心得。那知好景不长，读至正课二年时，因北伐胜利，政局易帜，学校系教会所办，被勒令停课，校中仪器设备等均被抢劫一空，恢复困难。时校长汤姆生博士转在上海仁济医院任院长。这位宗教师，对学生十分爱护，凡读完正科二年级课程及格的学生，均由他以广济旧校名义，分别可以送入上海南洋东南、山东齐鲁等校继续攻读。我以沪杭较近，选入南洋医学院，于1931年毕业，并得医学士位，然后重返杭州广济旧校附属医院，作为实习生年余而在父亲创办的三三医院执业。

第三章　生活的转机

由于爱情的挫折，我于二十三至二十六岁的三、四年中生活变得放浪不羁，骑马、唱京剧排遣光阴，几乎不事正业，家庭诺大的生活开支月近千元，全赖父亲诊务收入。但我毕竟不是个浪荡子。从本质方面来评价我也不是个胡涂虫。虽然表象上来看，似乎过着醉生梦死的生活，但背后常有隐忧。感到父亲年事渐高，稍有意外，诺大一个家庭，叫我如何担当。我家不事田产，过的是现入现出的城市小资产阶级生活，这种繁荣表象酷似空中楼阁，海市蜃楼，说冥灭即可冥灭。现实如此，殊难排遣。抗日战争的全面展开，这一隐患倒得到自然化解，成为量变到质变的一个突然转机。

抗日战争爆发，自平津沦陷后日寇节节内侵，京沪杭三角地带，敌人岂肯放过？敌警传来，杭州危在旦夕，城中一片混乱，居民争相逃难，我家也不例外，在疏散家中雇佣成员之后，父亲携眷先去诸暨乡间一至友家中暂居，我则与杭垣一私人医院——同春医院院长周思溥大夫共同组织了一个兵站医院，开赴杭州邻县新登，敷设临时急救收容所。但斯时前线已无斗志，节节溃败，至未及收容，又奉令登车经浙赣路直驶南昌，旋又奉令回车至弋阳县中收容伤病员。如是未数月，我个人得早期同学、时为军医署驻鄂办事处主任朱孝兰氏之推荐，调任军政部第六十三后方医院代理院长，由原驻武汉外围鸡公山撤至湖南浏阳整编。　（续三）

33

图1－11　裘诗新“人生路漫漫”第6页

裘诗新

人生路漫漫

祸从天降

长沙大火是抗日战争中运用坚壁清野战略的一个突出事件。

1938年秋，我所负责整休的63后方医院，奉命转至湖南浏阳。喘息甫定，突遭敌机袭击，一日之间，浏阳古城在敌机轮番轰炸，继以大火之后，废为一片焦土，平民死伤无计。

敌机狂轰之后，我即指挥抢救工作。大街被倒塌房屋阻塞，而呻吟于断木瓦砾之下无法救出者，状实凄惨。斯时继以大火焚烧，未倒房屋连排起火。此种惨象，笔墨难书。而城中居民壮健者早已四乡逃奔，公职人员一无所见，唯教会修女数人与我院士兵勉力作收效甚微的抢救。入晚火光远耀，而城中则一片漆黑，我也只好指挥院众撤至郊外一祠堂中暂行休憩。

此“长沙大火”前三日事也。敌机之所以轰炸浏阳，盖敌人战略中之前哨战也。

我院在此慌乱中忽又接到第九战区电令——立即转移衡阳休整。军令难违，只得征及四乡民船，经由浏阳去长沙。行经黄狮渡时，浏阳专区已移至该处办公，专员徐庞誉儒雅人也，留美攻“美的哲学”，曾著书由商务书局出版，颇负时誉。在浏阳驻扎期间，相处甚相得。此时徐知我院转移衡阳，急派秘书拦阻前进，递我密告谓“长沙业已沦陷，要我考虑行止”。时遥望长沙，已火光冲天，隐隐传来骚乱之声达于九霄。当即商定，如长沙确若沦陷，则率部入山打游击，邀我与俱，询我意向。我当告系奉命转移，不便擅作主张，请其派向导由乡间小道全院奔赴衡阳，而将辎重（包括X线等仪器）托其保存，写有协议笔录和收据，如后难以联络，全部装备供其打游击之用。如此决定后，弃舟徒步，穿山越岭向株州进发。

及抵株州，方知长沙火后，敌寇知机后撤，未进长沙，犹如诸葛空城重演，倒也留为千古笑谈。苦的只是老百姓，连我也几乎为此丧生。

在进退维谷的情势下，我急派一副官率士兵一班赶回浏阳，索取装备。我自己则仍徒步往衡阳四塘九战区卫生处简陈经过。如是山径奔走前后达二十余天。卫生处两位陈处长均系杭州医专早期学生，公谊私情幸得谅解，陈命我火速回浏阳提取装备，未受处分。

及返浏阳，知混乱中铺板被褥等均被乱民抢走，幸器械、药物因埋藏地下，未受损失。此时铁路已恢复运行，遂将各物运回衡阳交命。归经长沙，劫后情景，目睹哀鸿遍地，一片焦土，满目疮痍，不胜浩叹！

西北行

武汉沦落，长沙告急，还乡无望，救死扶伤亦成空谈，至此颇生改弦易辙之想。正值此时，忽接一位好友自兰州来电，要我去西北工作，并云已由八战区致电九战区发文调用。于是辞去现职，轻装携眷作西北行。是时铁路交通仅及桂林，自此以西皆为公路运输。1938年4月4日于衡阳启程，在桂林换乘汽车至柳州。此两处皆为西南名胜。桂林七星岩则为一巨穴，一日值警报，曾奔赴洞中躲避空袭。柳州有柳公权石碑及石刻遗迹。

在柳州待车数日，联系得中央银行车去贵阳，中途多山道盘旋上下，形势险峻。抵贵阳后得遇后勤卫生处处长徐世纶，父执财政厅长王惜寸，多所相助，所随人员有副官侯某一家，得在贵阳安排工作，减我负担。贵阳山区，路窄而人烟稠密。待车数日，始得到达重庆，斯时重庆已作陪都，中央机关林立，人烟绸密，山径迤逦，夹于嘉陵长江之

37

图1－12 裘诗新“人生路漫漫”第7页

又据《三三医报》第一卷第二十七期刊载裘吉生撰写的“创刊三三医书琐谈”一文，文中裘吉生说：“印书刻书之困难尤有一因为盖绍兴承印书籍之稍完全者祇一家，刻书之工且凤毛麟角也。刻丛书一集计三百余页须三年，主其事者力疲，

四方之盼望者责备交至，迁杭之举遂决。……”

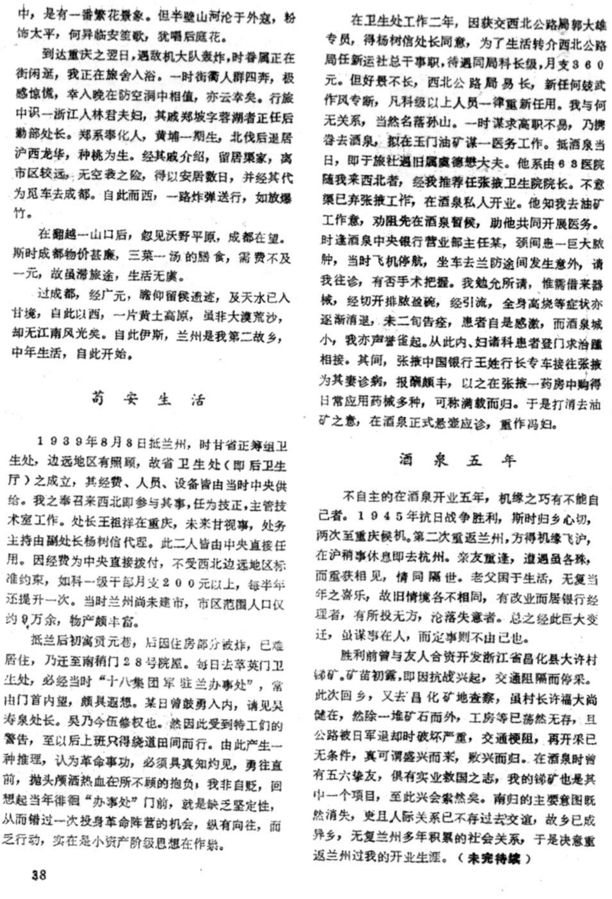
中，是有一番繁花景象。但半壁山河沦于外寇，粉饰太平，何异临安笙歌，犹唱后庭花。

到达重庆之翌日，遇敌机大队轰炸，时眷属正在街闲逛，我正在旅舍入浴。一时街衢人群四奔，极感惊慌，幸入晚在防空洞中相值，亦云幸矣。行旅中识一浙江人林君夫妇，其戚郑坡字蓉湖者正任后勤部处长。郑系奉化人，黄埔一期生，北伐后退居沪西龙华，种桃为生。经其戚介绍，留居渠家，离市区较远，无空袭之险，得以安居数日，并经其代为觅车去成都。自此而西，一路炸弹送行，如放爆竹。

在翻越一山口后，忽见沃野平原，成都在望。斯时成都物价甚廉，三菜一汤的膳食，需费不及一元，故虽滞旅途，生活无虞。

过成都，经广元，瞻仰留侯遗迹，及天水已入甘境，自此以西，一片黄土高原，虽非大漠荒沙，却无江南风光矣。自此伊斯，兰州是我第二故乡，中年生活，自此开始。

苟　安　生　活

1939年8月8日抵兰州，时甘省正筹组卫生处，边远地区有照顾，故省卫生处（即后卫生厅）之成立，其经费、人员、设备皆由当时中央供给。我之奉召来西北即参与其事，任为技正，主管技术室工作。处长王祖祥在重庆，未来甘视事，处务主持由副处长杨树信代理。此二人皆由中央直接任用。因经费为中央直接拨付，不受西北边远地区标准约束，如科一级干部月支200元以上，每半年还提升一次。当时兰州尚未建市，市区范围人口仅约9万余，物产颇丰富。

抵兰后初寓贡元巷，后因住房部分被炸，已难居住，乃迁至南稍门28号院屋。每日去萃英门卫生处，必经当时“十八集团军驻兰办事处”，常由门首内望，颇具遐想。某日曾鼓勇入内，请见吴寿泉处长。吴乃今伍修权也。然因此受到特工们的警告，至以后上班只得绕道田间而行。由此产生一种推理，认为革命事功，必须具真知灼见，勇往直前，抛头颅洒热血在所不顾的抱负，我非自贬，回想起当年徘徊“办事处”门前，就是缺乏坚定性，从而错过一次投身革命阵营的机会，纵有向往，而乏行动，实在是小资产阶级思想在作祟。

在卫生处工作二年，因获交西北公路局郭大雄专员，得杨树信处长同意，为了生活转介西北公路局任新运社总干事职，待遇同局科长级，月支360元。但好景不长，西北公路局易长，新任何竞武作风专断，凡科级以上人员一律重新任用。我与何无关系，当然名落孙山。一时谋求高职不易，乃携眷去酒泉，拟在玉门油矿谋一医务工作。抵酒泉当日，即于旅社遇旧属虞德懋大夫。他系由63医院随我来西北者，经我推荐任张掖卫生院院长。不意渠已弃张掖工作，在酒泉私人开业。他知我去油矿工作意，劝阻先在酒泉暂候，助他共同开展医务。时逢酒泉中央银行营业部主任某，颈间患一巨大脓肿，当时飞机停航，坐车去兰防途间发生意外，请我往诊，有否手术把握。我勉允所请，惟需借来器械，经切开排脓盈碗，经引流，全身高烧等症状亦逐渐消退，未二旬告痊，患者自是感激，而酒泉城小，我亦声誉雀起。从此内、妇诸科患者登门求治踵相接。其间，张掖中国银行王姓行长专车接往张掖为其妻诊病，报酬颇丰，以之在张掖一药房中购得日常应用药械多种，可称满载而归。于是打消去油矿之意，在酒泉正式悬壶应诊，重作冯妇。

酒　泉　五　年

不自主的在酒泉开业五年，机缘之巧有不能自已者。1945年抗日战争胜利，斯时归乡心切，两次至重庆候机。第二次重返兰州，方得机缘飞沪，在沪稍事休息即去杭州。亲友重逢，遭遇虽各殊，而重获相见，情同隔世。老父困于生活，无复当年之嬉乐，故旧情境各不相同，有改业而居银行经理者，有所投无方，沦落失意者。总之经此巨大变迁，虽谋事在人，而定事则不由已也。

胜利前曾与友人合资开发浙江省昌化县大许村锑矿。矿苗初露，即因抗战兴起，交通阻隔而停采。此次回乡，又去昌化矿地查察，虽村长许福大尚健在，然除一堆矿石而外，工房等已荡然无存，且公路被日军退却时破坏严重，交通梗阻，再开采已无条件，真可谓盛兴而来，败兴而归。在酒泉时曾有五六挚友，俱有实业救国之志，我的锑矿也是其中一个项目，至此兴会索然矣。南归的主要意图既然消失，更且人际关系已不存过去交谊，故乡已成异乡，无复兰州多年积累的社会关系，于是决意重返兰州过我的开业生涯。（**未完待续**）

38

图1－13　裘诗新“人生路漫漫”第8页

三三醫報

創刊三三醫書瑣談

吉生

僕刊三三醫書既有一[illegible]醫[illegible]選擇法及大意矣似無再用辭費雖然僕實因[illegible]未盡各處來函之商[illegible]者亦當盡言以告之故拉雜記出以作瑣談

僕於此書未[illegible]發刊之先尚在紹與彼時早夕聚首者曹君炳章何君廉臣實[illegible]之好收羅醫書與僕有同嗜焉凡遇一書必節省他項之用費[illegible]購得之曹君藏書曾被火一次凡孤本及手著之稿悉遭焚如[illegible]及人所借出者或已借抄者得物歸故主故曹君得一書必津津樂道深歷同志之借鈔或設法刊行之至何君則年逾花甲老眼[illegible]昏花藏書本來不少胸中又且飽學然一見僕等談一古籍猶[illegible]一讀以為快足徵學問之來端在書籍書籍之不易收羅亦可想見

是時僕[illegible]有[illegible]發[illegible]汝儕流通醫藥書籍之計劃遂刻醫藥叢書及排印國醫百家書徵求同志起見及投稿者許以出版酬送三五十部其[illegible]友亦各贈送致結果印書一種售價之數不及送數(國醫百家每種印三百部有送數至一百七十部售價三十八部餘皆[illegible]底)因噎廢食刊行醫書之熱度為之一殺

印書刻書之困難尤有一因為蓋紹與承印書籍之稍完全者祇一家劉青之工且鳳毛麟角也刻叢書一集計三百餘頁須三年走其事者力疲四方之盼望者責備交至還杭之舉遂決但杭州生活較高印工刻工訂工均貴一半有奇故叢書第四集在紹已刻竣板亦移杭開印至今未定排印之舉因武林遭火又遲滯進行者半年餘

僕本病夫自知質弱負重未便故事操勞社友周君小農又常惠書勸我節勞知己之言感銘肺腑僕非頑石豈不點頭然四方醫資之函日至髀肉復生雄心未死决計將所藏醫書發憤印行然須籌一可恃恒而能速行之法於是創刊三三醫書

三三醫書一集計三十三種以三角一種計之需價十元銷行豈不礙乎乎然仔細考慮得一譬喻追憶吾儕收羅原書時苟得一種雖二十元亦不惜世果有同好者以十元購三十三種之孤本不致無人果無同好者卽不取值而奉之亦與刊行之原旨相背(醫藥叢書第一集出版僕持贈一醫者至三集印成事隔多年晤其人而詢其此書之內容云尚未看過造其廬果然塵封高閣

言論 創刊三三醫書瑣談 五

图 1－14 裘吉生“创刊三三医书琐谈”

61. 《国医》第 127 页第 4 行“先是居住于吴山脚下四牌楼十五奎巷，开设了‘三三医社’。”

裘吉生举家迁移杭州吴山脚下四牌楼 39 号，如果从杭州主干道（清河坊、察院前直街，后改名中山中路、中山南路）

到四牌楼要走经十五奎巷，所以可称十五奎巷底四牌楼，但不能称为四牌楼十五奎巷。而且当年裘吉生迁杭后随即创办三三医院、组建三三医社、刊印《三三医报》，并不是先“开设了三三医社”。

62.《国医》第127页第10行：“这十五奎巷宋代名竹竿巷，也称长庆坊，巷内有百法寺，依吴山山脚而逶迤，可算得闹中取静，十分宜人。只是租赁的房屋小了一点，作为开设医社更显得局促。所以，一年以后，又移居将军路柳营路口。”

此段有三处不符史实：

（1）说四牌楼（《国医》文中误写为“十五奎巷”）三三医院“房屋小了一点，作为开设医社更显得局促。”系错讹。根据《三三医报》第一卷第八期（民国十二年十月十三日出版）即刊有：“本院地处山麓，空气新鲜，设有清洁病房，以便远道病家及不便往返者住院治疗。”“主治科目：内科、儿科、妇科、针灸科、外科、皮肤花柳科、耳鼻喉科”，可见已具一定规模。

又据在四牌楼三三医院内师从裘吉生实习中医四年的郑琴隐回忆：“三三医院是当时全国为数不多的中西医联合医院……医院内设中西药房为病人代煎中药……医院后院有病房十余间，设有病床数十张”（郑琴隐记述：“裘吉生先生从医五十六年”一文，刊载《杭州文史资料》第七辑）

（2）四牌楼三三医院的房子是裘吉生买进的，并非“租赁”。据裘吉生夫人胡淑英告诉笔者：在三三医院搬迁到湖滨柳营巷口之前是将四牌楼房子卖掉作为抵交柳营巷口房子及崇英里住房的租赁费用和搬迁费用。

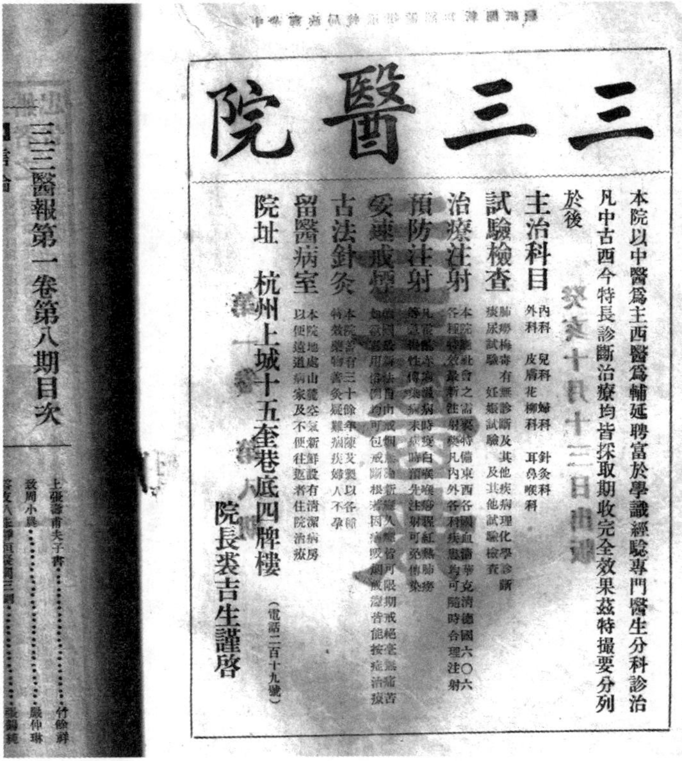
三三醫報第一卷第八期目次

三三醫院

本院以中醫爲主西醫爲輔延聘富於學識經驗專門醫生分科診治凡中古西今特長診斷治療均皆採取期收完全效果茲特撮要分列於後

主治科目 內科 兒科 婦科 針灸科 外科 皮膚花柳科 耳鼻喉科

試驗檢查 肺癆梅毒有無診斷及其他疾病理化學診斷 痰尿試驗 妊娠試驗 及其他試驗檢查

治療注射

預防注射

爱速戒烟

古法針灸

留醫病室 本院地處山麓空氣新鮮設有清潔病房以便遠道病家及不便往返者住院治療

院址 杭州上城十五奎巷底四牌樓（電話二百十九號）

院長裘吉生謹啓

图 1－15 《三三医报》第一卷第八期封面内页

（3）三三医院从四牌楼 39 号迁到湖滨将军路柳营巷口，不是在创办四牌楼三三医院“一年以后”。四牌楼三三医院创办于民国十二年（1923 年），搬迁到湖滨柳营巷口是民国十九年（1930 年），因此四牌楼三三医院有七年之久。

根据《三三医报》第一卷第一期（癸亥年即 1923 年出版）即刊有“三三医院”“院址杭州城内十五奎巷底转湾四牌楼门牌三十九号”。

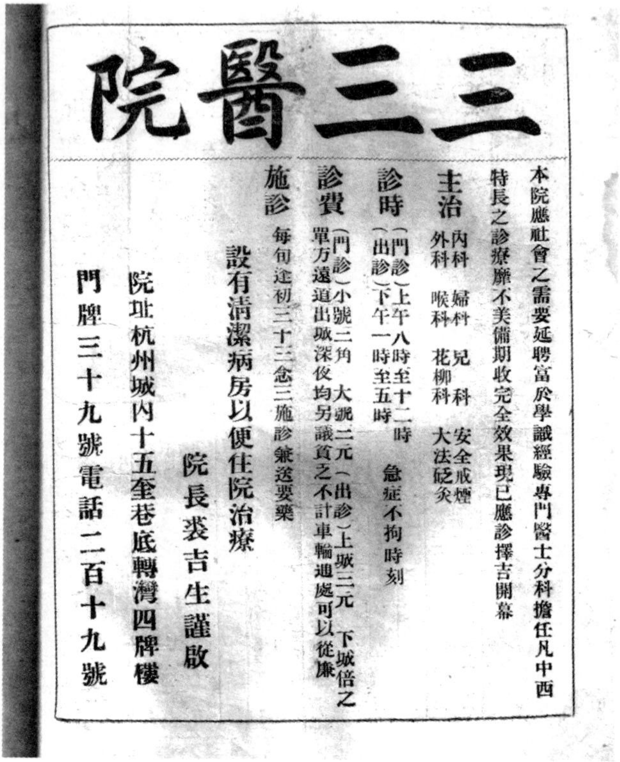
三三醫院

本院應社會之需要延聘富於學識經驗專門醫士分科擔任凡中西特長之診療靡不美備期收完全效果現已應診擇吉開幕

主治 內科 婦科 兒科 安全戒煙 外科 喉科 花柳科 大法砭灸

診時 (門診)上午八時至十二時 (出診)下午一時至五時 急症不拘時刻

診費 (門診)小號二角 大號二元(出診)上城三元 下城倍之 單方遠道出城深夜均另議貧之不計車輪週處可以從廉

施診 每旬逢初三十三念三施診兼送要藥

設有清潔病房以便住院治療

院長裘吉生謹啟

院址杭州城內十五奎巷底轉灣四牌樓

門牌三十九號電話二百十九號

图 1－16 《三三医报》第一卷第一期封底

而《三三医报》第四卷第三十三期（民国十八年九月二十三日出版）仍然刊有“三三医院”“院址四牌楼”，说明至 1929 年 10 月三三医院仍在四牌楼。

又据在四牌楼三三医院师从裘吉生四年实习中医的郑琴隐跟笔者讲：他是在 1930 年初离开三三医院去南京工作的，但他从未到过湖滨柳营巷口的三三医院。

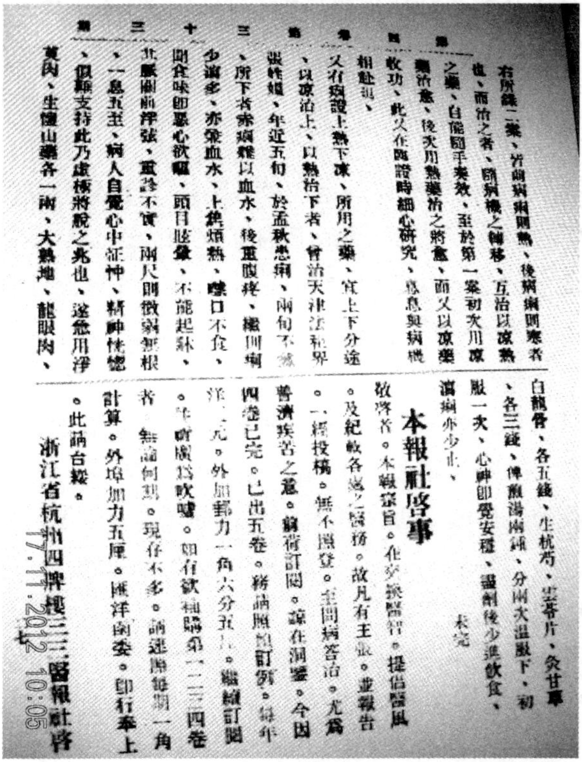
第四卷第三十三期

右所錄二案、皆前病則熱、後病則寒者也、而治之者、隨病機之轉移、互治以凉熱之藥、自能隨手奏效、至於第一案初次用凉藥治愈、後次用熱藥治之將愈、而又以凉藥收功、此又在臨證時細心研究、悉息與病機相赴也、

又有病證上熱下凉、所用之藥、宜上下分途、以凉治上、以熱治下者、曾治天津法租界張姓媼、年近五旬、於孟秋患痢、兩旬不愈、所下者赤痢雜以血水、後重腹疼、繼則痢少濁多、赤液血水、上焦煩熱、噤口不食、聞食味即惡心欲嘔、頭目眩暈、不能起牀、其脈關前浮弦、重診不實、兩尺則微弱無根、一息五至、病人自覺心中怔忡、精神恍惚、似難支持此乃虛極將脫之兆也、遂急用淨萸肉、生懷山藥各一兩、大熟地、龍眼肉、白龍骨、各五錢、生杭芍、芸苓片、炙甘草、各三錢、俾煎湯兩鍾、分兩次溫服下、初服一次、心神即覺安穩、盡劑後少進飲食、濁痢亦少止、

未完

本報社啓事

敬啓者。本報宗旨。在交換醫智。提倡醫風。及紀載各處之醫務。故凡有王張。並報告。一經投稿。無不照登。至問病答治。尤爲普濟疾苦之意。前荷訂閱。諒在洞鑒。今因四卷已完。已出五卷。務請照舊訂例。每年洋二元。外加郵力一角六分五厘。繼續訂閱。[illegible]廣爲吹噓。如有欲補購第一二三四卷者。無論何期。現存不多。請速購每期一角計算。外埠加力五厘。匯洋函委。即行奉上。此請台綏。

浙江省杭州四牌樓三三醫報社啓

图 1－17　《三三医报》第四卷第三十三期

63.《国医》第 127 页第 17 行“从绍兴那条狭窄幽深的古巷，过渡到省城这宽阔通达的湖边，岂止是地域的差异，简直可以说是一种跨越时代的变迁。”著者所写纯是臆想。

这段有两处失实：（1）裘吉生创办的“绍兴裘氏医院”坐落在绍兴城区中心的上大路，东有大江桥，西有北海桥，医院门临马路，过了马路是一条有许多船只来往的河。因此，医院是在车水马龙的大道上，并不是在“狭窄幽深的古巷”。

（2）裘吉生从绍兴迁居杭州后创办的三三医院是在吴山山麓，并不在“宽阔通达的湖边”。

64.《国医》第127页倒8行“‘三三医社’迁到这里，扩建而为‘三三医院’。”

“医社”是医生集体的组织，“医院”是医生为病人诊治护理疾病的地方，怎么可能由医社扩建而为医院？而且前已证实：1923年夏裘吉生迁居杭州并创办三三医院、组建三三医社，不存在什么“扩建”之事。

65.《国医》第128页第3行“据杭州藏书家、裘氏好友王松泉回忆，当年以‘三三’命名医院，实有纪念徐锡麟、秋瑾之意，缘烈士牺牲于光绪三十三年（1907）也。这，也许正是裘吉生埋藏于心底、挥之不去的情结。那年，正好是裘吉生48岁，学医33年。这当然是一种巧合，使‘三三’具有了另一层纪念意义。”

医院、医社、医报用“三三”之意，裘吉生在他主编的《三三医报》第一卷第一期（1923年出版）的“三三医报大旨”中即已明确说明：“本报以医者须读三世之书求三年之艾方能三折其肱故以三三定名且以地方名称为报名反多界限”。裘吉生虽与徐锡麟、秋瑾为革命同志，在他们就义后也曾多次在清明节祭拜纪念两烈士，但裘吉生是誓志推翻清朝建立民主共和的革命者，绝不可能用清帝年号来纪念反清烈士。而且该段后文所说：“那年，正好是裘吉生48岁，学医33年”，裘吉生是18岁开始学医，怎么会是“学医33年”？时间上也有错误。

三三醫報大旨

（一）本報以醫者須讀三世之書求三年之艾方能三折其肱故以三三定名且以地方名稱爲報名反多界限

（二）本報雖以一卷一期爲始然皆繼承紹興醫藥學報月刊十二卷一號及星刊一百五十八號及預備印行之醫藥衛生季刊而生故宗旨仍以便於同道研究學術病家顧問治療暨發揚古學輸入新智

（三）凡從前投稿並贊助諸公皆認爲本報社員有關於醫學之言論仍得公開

（四）本報既以每旬發行如有醫藥界新消息傳布較易望我同人隨時見惠自當按期發刊

图 1－18 《三三医报》第一卷第一期“三三医报大旨”

66.《国医》第 128 页第 15 行“1921 年丁甘仁及其子仲英，在上海南市方斜路创设广益医院，是为中医开设医院之先声。”与史实有出入。

丁甘仁是一代名医、中国中医教育的先驱。但此段文字所说在 1921 年创设广益医院，而裘吉生于绍兴上大路创设“绍兴裘氏医院”是在 1916 年，当属更早的“中医开设医院之先声”。

67.《国医》第134页第9行“医院开办事务有了头绪之后，裘吉生腾出手来，立即着手期刊出版事宜。由他主编的《绍兴医药学报》改刊为《三三医报》……这份刊物从1908年创刊，除其间因他去东北而停了3年左右外，一直持续到1929年……”

此段文字有两处错讹：（1）裘吉生去东北的时间远不止3年，《绍兴医药学报》暂停刊也不止3年。裘吉生于1908年初即离绍兴去东北、北京等地，直至1914年回绍兴。《绍兴医药学报》于1911年刊出第44期后暂停刊，于1915年（民国四年七月一日）复刊第45期出版。（2）《绍兴医药学报》暂停刊不是因为裘吉生去东北。《绍兴医药学报》第46期（民国四年八月一日出版）刊载有：“绍兴医药学报，前已出版数十期，风行海内，为世宗仰。嗣因光复事起，国事蜩螗，暂行停版。顷鉴于国学沉沦，民多夭枉，复由何廉臣、胡瀛峤、裘吉生诸先生赓续刊行……”

68.《国医》第136页倒7行“夫人被病痛折磨，这时时揪击着裘吉生的心。他对外科不擅长，于是他遍寻各种治疗痔疾的药方，从一个偏方中得知用雄黄（砷的硫化物）涂于痔疮疮面，能将痔根烂掉。他尝试用少量雄黄粉掺入痔药之中，涂于患处，果然有效，但渐渐发现由此而时有头痛、头晕等症状，并相继出现皮疹、发麻、脱皮等现象，他没有想到这是一种慢性砷中毒的症状。……敷于痔疮疮面的砷剂，正是通过直肠逐渐被吸收进人体内，虽然剂量较小，不至于立即发作，但可以造成慢性中毒。陈涵夫人最后的死因，主要便是源于这一失误所造成的。”

此段所说不可信。

第一，用含有雄黄的中药制剂外用治疗疮疡是中医外科历来的常用制剂，并不是《国医》文中所说的什么“偏方”。如外疡内服方中的琥珀蜡矾丸、扶危散（皆为《医宗金鉴》方）；外疡外用方中的红升丹、白降丹、硇砂散、金钥匙、夹纸膏、蜜陀僧散（皆为《医宗金鉴》方）、三黄二香散（《温病条辨》方）、三品一条枪（《外科正宗》方）、阴毒内消散（《药蔹启秘》方）、红灵丹（上海十一医院方）等等都含有雄黄。以上《医宗金鉴》《温病条辨》《外科正宗》皆是中医典籍。

第二，根据《中医外科学》（上海中医学院主编、全国中医学院二版教材重刊本，上海科学技术出版社2012年5月第1版）“痔疮”一节的外治法中有姑息疗法和根治疗法。根治疗法分敷药和插药两种：“敷药：即以枯痔散、灰皂散敷于中期、后期能脱出肛外的内痔痔核面上，具有强烈腐蚀作用，能使痔核干枯坏死，达到痔核脱落痊愈的目的。”“插药：即以药条三品一条枪、七仙条插入中期、后期能脱出肛外的内痔痔核中，具有腐蚀作用，能使痔核干枯坏死，达到脱落痊愈的目的。本方法疗效高，疗程短，痛苦少，一般不需住院。”而枯痔散、三品一条枪均含有白砒、雄黄等有毒药物；七仙条中含有白降丹（雄黄、水银）、红升等有毒药物；灰皂散含黄丹（铅丹）有毒药物。

据《外科病中医外治法》（姜兆俊主编，人民卫生出版社2009年第1版）介绍：“外治方药的选择是疗效的关键之一，必须遵循辨证施治的原则才能达到理想的效果……如红升丹中五五丹、七三丹腐蚀作用较强，多用于祛腐肉、化瘘管；八二丹、九一丹腐蚀作用较弱，用于创面腐肉较少，化阴回阳、敛疮生肌。因红升丹的纯丹腐蚀作用过强，临床上多用煅石膏缓和药性、收湿敛液，若为生石膏则侧重于清热解毒，用于溃后红肿不消之证。……对于峻猛、剧毒药物的作用，亦不如内治之剂那样严格限制。虽然剧毒药物外用，特别是皮肤破损者亦有中毒之虞，但较内服之剂发生的几率少得多；而且诸多外科病症，如肿疡脓成未溃、溃疡脓腐不除、瘘管、窦道等，需要使用峻猛、剧毒之品，才有效验。如红升丹、白降丹等。这一点正是中医外科药治的长处。”

撰写了《本草纲目》的李时珍是杰出的医药家，他称雄黄“为治疮杀毒之要药”。据实验，雄黄有抗菌及抑瘤作用，能抑制多种真菌，杀灭金黄色葡萄球菌、大肠杆菌等，适于局部外用，不宜大面积涂搽及长期持续使用，以防中毒。

可见，雄黄等含毒药物可以用于治病，特别是外敷法。但要用得适当：要对症，辨证施治，剂量合适，范围大小要限制，还要注意使用时间不能很长。如果辨证正确、剂量合适、范围限制，即使还有毒副作用，也在肝、肾的解毒能力之内，人体完全有能力通过代谢排出体外，因而对人体会无损害。

第三，裘吉生在四牌楼三三医院挂牌是“中西医内科”，即既有中医中药知识又有一定的西医西药知识，所以不可能会超量超范围超时间使用含毒散剂。何况，按照《国医》文中说已经“有头痛、头晕等症状，并相继出现皮疹、发麻、脱皮等现象”，如果确实已经出现了这些症状，裘吉生怎么可能会“没有想到”中毒反应呢？

第四，用含有雄黄的中药外治痔疮虽然有可能引起中毒反应，但是陈涵夫人不可能是因为外涂中药中毒身亡的。因为在陈涵去世的一年之后鳏居的裘吉生娶了胡淑英为继室，笔者是胡淑英之子，母子相处五十余年，从未听说过此事。按常理推测，如果在一年前陈涵是因中毒身亡的作为裘吉生夫人的胡淑英肯定会听闻此事，在五十余年相处中她也一定会告知笔者。

因此，笔者认为此事系杜撰不可信。

69.《国医》第 138 页第 10 行“裘吉生虽然已经投身于医界，但他不能不关心曾经为之献身的革命。那年孙中山先生来绍兴的时候，他为胡汉民治愈疾病，其间中山先生曾托好友孙德卿向他探询，是否愿随他去广州谋事。他托德卿兄代为转达，婉言谢绝了中山先生的盛情。”不符史实。

孙中山先生邀请裘吉生再去从政应是面叙，没有“中山先生曾托好友孙德卿向他探询”，也没有“他托德卿兄代为转达”。

根据裘吉生长子裘诗新回忆父亲所说而撰写的“故浙江名中医裘吉生事迹”一文：“民初孙中山先生曾至绍兴，途经先生门首，见先生悬壶在绍，时胡汉民适患痢疾危重，特派人延先生至行所，为胡疗病，并与盘桓直至离绍。临别知先生已不愿从政，乃书‘救民疾苦’匾额相赠勉。”

70.《国医》第 152 页倒 12 行“原来这王家有一婢女，姓胡名淑英，年方十八，生得聪明伶俐。原是南京附近人氏，因为家贫子女众多，当年王家客旅宁城时，将淑英买为丫头。幼年胡淑英从此离开父母随王家南来，作为老太太贴身服侍的婢女。十年后，淑英长大，已出落得楚楚动人。这王家老爷看在眼里，每每欲纳为妾室，淑英不从，几次向老太太哭诉，因而王家老太欲为她寻一婆家。看到裘吉生为人和气，生活正派，中年丧妻有年，王老太太极想成全这门佳事。……一月以后，胡淑英以王家女儿的身份，与裘吉生结为夫妇。”与史实不符。

笔者年少时听母亲胡淑英说：她原籍南京（并非《国医》文中所写是“南京附近人氏”），父母在南京城里做食品小生意。时有绍兴人王修清先生在南京主事税务，家居与胡家近邻，常有来往。王氏夫妇甚喜胡女聪慧，认为义女。后王家迁移杭州，时胡淑英八岁，王家不舍，且胡家多子女，于是胡淑英随义父母到杭州，在王家长大。王修清和裘吉生都是绍兴人，因同乡之谊，王、裘两家素有往来。在裘吉生鳏居后经王家撮合娶了胡淑英。

不知《国医》著者出自什么心理，杜撰自己的母亲（《国医》著者是胡淑英三子）是“婢女”“丫头”，还诬说王修清先生“每每欲纳为妾室”等等。虽然王修清夫妇和裘吉生、胡淑英皆早已去世，无从对质和举证，但是尚有线索可以分析：

第一，中国奴婢史大致情况如“中国社会民俗史丛书”《奴婢史》（褚赣生著、上海文艺出版社 1995 年出版）所说：“……经过明清之际大规模奴婢反抗斗争的冲击之后，封建奴婢制度开始日益削弱并趋向衰亡。最后，到清末宣统元年，伴随着中国封建社会走向尽头，封建统治者再也挽救不了奴婢制度必然趋于没落的命运，而不得不在颁布新法时，正式宣布：凡从前一切家奴，‘不论系赏给、投充及红契、白契所买，是否数辈出力，概听赎身，放出为民。’（‘大清现行刑律’）。然而，亦须指出，奴婢制度虽官方已明令废除，但因其在中国民间毕竟绵延二千余年，故其一时还不可能消除得那么干净，其各种有形无形的表现形态，仍在社会上及观念上残存流布。”

民国时代民间虽然还残存有奴婢制度的各种表现形态，但是处在早已宣布废除奴婢制度的革命大势中，在民国新政之后的1918年，参与政务、主事税务的王修清先生，而且是在革命形势发展较快、民主意识较强的东南沿海城市南京和杭州，不大可能会公然养婢。连清皇朝都不能干了的事他怎么会去干？

第二，据王修清之孙王汉章说：祖父原有二子二女，但一女幼年时夭折，养大成人仅二子一女。王修清夫妇当年收胡淑英为义女可能与曾经丧女有关。

第三，王修清之二子一女，年龄跟胡淑英相差不多。裘、王两家过往甚密。笔者是胡淑英之子，称呼王修清夫妇为外公外婆，称呼王修清的儿子儿媳为舅舅、舅母。尤其是王修清之女跟胡淑英感情甚好，笔者称为“干娘”。笔者年幼时即随母亲胡淑英多次去王家，一直跟王家、特别是“干娘”家有来往。如果按《国医》所述胡淑英原来是王家婢女，许多王家亲戚之间和王、裘两家密切来往中不可能没有流露，而且如果原是主仆关系，一般不会如此长期密切来往。

第四，抗日战争胜利后，1946年初，裘吉生携家眷共十余人从龙游迁回杭州。一时未能解决居住和诊所用房，就先住入劳动路159号王家。十余人在王家不但居住和生活，而且腾出堂前兼作诊所，时间在半年以上。如果胡淑英仅是王家一婢女，在出嫁近二十年（1927年出嫁）后再回故主家中，还带回一大帮人，在故主家中还开办诊所，一般当属不可能。

因此，《国医》记述的胡淑英原是王家婢女之说纯属杜撰。

71.《国医》第164页倒11行：“裘吉生首先会晤了蔡元培，多年不见，他们谈得很是投机，也对分别后彼此的经历感慨良多。蔡元培甚至心情黯然地与他谈到，自己由于和蒋氏的同乡关系，不该贸然同意担任中央监察委员会主席之职，进而卷入‘清党’运动，导致大批共产党人和进步青年惨遭屠杀。虽然自己一贯反对暴力，不赞成乱捕滥杀，但难卸己责。”此说与史实不符。

根据《百度百科》“蔡元培”词条：“蔡元培……中国绍兴山阴人，原籍诸暨。……民国元年（1912年）任南京临时政府教育总长……1927年3月24日，北伐军攻占南京，与当地外侨发生冲突。有看法认为是共产党着意挑衅所致（事实证明此说法无法成立），蒋介石下令追查负责任者。25日，程潜指责为共产党员较多的第2、第6军所为。英美军舰以此为理由炮击南京，遂形国际冲突，是为‘南京事件’。蒋严电阻止事态扩大，静候政府以外交方式解决。在蔡元培等国民党元老举发‘共党破坏革命，危害国本之逆谋’后，国民党中央监察委员会决议通过‘非常紧急处置案’。1927年3月28日，蔡元培在上海主持召开中国国民党中央监察委员会会议，吴稚晖提出‘护党救国’运动。4月2日，中央监察委员会会议召开全体会议，参加者包括蔡元培、蒋介石、李宗仁、白崇禧、黄绍竑、李济深、张静江、吴稚晖、李石曾等人。在上海会议中提出检举‘共产党联结容纳于国民党之共产党员，同有谋叛证据’。吴稚晖呈文控告共产党且谴责鲍罗廷，阴谋使中国变成苏联殖民地。广州政治分会主席李济深首先发言赞同。会议订立‘清党原则’及组‘清党委员会’，进行反共清党准备工作。3 月 29 日，中共请示苏联，强调准备抵抗。4 月 1 日，汪精卫穿越西伯利亚再转苏联邮轮，从欧洲赶回上海。蔡元培与蒋介石、吴稚晖等向汪投诉中共问题。……‘九·一八’事变后主张抗日，拥护国共合作……。’”

72.《国医》第 174 页倒 11 行“在中央国医馆和浙江分馆的筹备过程中，他还迭次谢绝了一切职位的安排，只接受了学术整理委员会专任委员这个职务。”不符史实。

中央国医馆成立后，裘吉生为理事，并指定门生郑琴隐（时在内政部任职）兼“专任委员”代行出席有关会议。

中央国医馆浙江分馆成立后，裘吉生兼任馆长。

（见 175 页图 3 – 25）

73.《国医》第 178 页第 4 行“1935 年……在这一时期中，继编辑出版《三三医书》三集共计 99 种以后，又着手编辑出版《鲋溪医述》7 种、《寿世医书》13 种，还有《医士道》《医药杂著》《医话集腋》《古今医学评论》《皇汉医书概目》《杏林文苑》等等。……许多濒临湮没的古籍文献得以保存下来，如七卷《惜分阴轩医案》是经作者晚年治验，极有学术价值的经验之作，但都系未刊的手稿，裘吉生将它分刻四册于《医药丛书》中，至今仍得以流传。”与史实有出入。

裘吉生编辑出版《鲟溪医述》15 种和《医士道》《医药杂著》《医话集腋》《古今医评》《杏林文苑》等都是在居于绍兴时，所以又称为绍报刊行丛书。《国医》错为迁居杭州才编辑刊印的《三三医书》以后“又着手编辑”。《惜分阴轩医案》也是在绍兴刊印的。而《皇汉医学书目一览》（《国医》

误记为《皇汉医书槪目》）系裘吉生“陆续录记”后刊于1936年上海世界书局出版的《皇汉医学丛书》。（见本书222页）

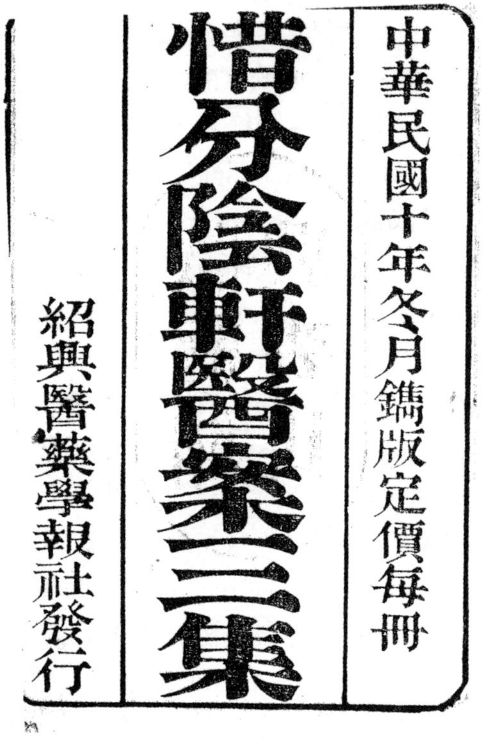
中華民國十年冬月鐫版定價每冊
惜分陰軒醫案三集
紹興醫藥學報社發行

图1－19　1921年绍报刊印的“惜分阴轩医案”

74.《国医》第186页第9行“本书（《中国医籍考》）原版刻于至元四年丁卯（宋咸淳三年，即1267年）。有明以来，除《文澜阁书目》外，储藏家绝无著录者。近年裘吉生由日本购回，才再流传。本书诸方都辑自南宋、金、元，实在是医药书中的秘籍。”

本段错讹四处：(1) 说《中国医籍考》原版刻于“至元四年”，但宋代并无“至元”年号；(2) 撰写为刻于“宋咸淳三年，即1267年”，又说：“本书诸方都辑自南宋、金、元”，宋代所刻之书如何辑录元代之方？(3)《中国医籍考》系日人撰写，怎么理解“由日本购回”？(4)《中国医籍考》系中医医籍目录学著作，如何辑录“诸方”？

查《中国医籍考》一书，又名《医籍考》，共八十卷，日本·丹波元胤撰。系中医目录学著作，成书于1819年，广泛收录中国历代医籍三千余种。全部著作分为九类，书名之下记有出处，注明卷数、存佚，列述序跋、有关考证、提要敷陈大意，并附评论以及作者所加的按语。由陈存仁主编、1936年上海世界书局出版的《皇汉医学丛书》刊载有《中国医籍考》。

75.《国医》第186页第17行“一部六百万字的大型丛书《珍本医书集成》第一集，于1936年秋问世。……他并没有因为这套丛书的完成和顺利出版发行，而稍稍松一口气。立即着手编纂《珍本医书集成》第二、三集，并已很快编就后二集的书目。与此同时，还修订《皇汉医书揽目》和《四库全书》中《普济方》全集等，准备将这套丛书在其后陆续推出。”

此段有两处出入：(1) 裘吉生在编辑出版了《珍本医书集成》之后确有再编二、三集的想法，但没有“很快编就后二集的书目”。在第二年编辑完稿并撰写了“内容提要”的是《珍本医书集成续编》《皇汉医学丛书续编》，同时交付出版的还有《普济方全集》《古今医书集成》。详见本书第四章“裘吉生编辑刊印的医书、医学文献目录”。（2）没有《皇汉医书揽目》一书，裘吉生录存有《皇汉医学书目一览》，是“耳目所及陆续录记”，并已于1936年出版，刊印于《皇汉医学丛书》，所以不存在什么“修订”“推出”的事。《皇汉医学书目一览》见本书第四章附录一。

76.《国医》第192页倒6行“这位金在冶长诗新十余岁……他的家乡蓝田金村地处浙中山区……”

诸暨县有一村落叫蓝田头，隶属街亭乡（镇），但无“金村”，也无“蓝田金村”。笔者到过蓝田金家，经咨询世居蓝田头的当地数人，当地人说：蓝田即蓝田头，是一村属地名（今属新华村）。金家仅是蓝田头一户人家，有屋数间。当地人称“蓝田金家”，但从无“金村”或“蓝田金村”一说。

77.《国医》第192页倒2行“因而裘吉生决定先去诸暨金家，再从长计议。已是11月底了，天气渐渐寒冷。……因为已临冬季，衣服不得不多带一些……”不符史实。

裘吉生的长孙裘启敏是随裘吉生迁离杭州的家属之一，他能清楚地回忆起自己和同龄的裘吉生次子裘诗煃做十岁生日的情况：裘诗煃的十岁生日（1937年8月）是在回龙庙赵家做的；裘启敏的十岁生日（1937年11月）是在诸暨蓝田金家做的。根据裘启敏的回忆，裘吉生一家在1937年8月迁到当时杭州市较偏僻的回龙庙赵止在家，并于1937年10月迁到诸暨兰田头金在冶家。

78.《国医》第194页倒3行“从杭州到诸暨，不过百余公里，但从萧山浦阳镇往南前行，即是山路小道了，又加拖儿带女，老的老，小的小，裘吉生一行一路拖曳走来，整整走了四天，方才到达蓝田金家，一家人已是筋疲力尽了。”

此段两处错讹：（1）“从萧山浦阳镇往南前行，即是山路小道了”不符事实。从杭州经萧山、诸暨、金华至江西省的浙赣铁路已于1934年1月全线通车，因此在1937年从萧山浦阳至诸暨不是什么“山路小道”，早已是通衢大道了。抗日战争初期铁路虽有不正常运行的情况，但是从萧山浦阳镇往南至诸暨街亭镇这一片是浦阳江和开化江畔的平原地，山很少。笔者在1948年去诸暨县浬浦暂住时经过浦阳至街亭已可见到一片很平整的可通汽车的路。而且笔者到过蓝田村，周围虽有山，也只是小山，从街亭至蓝田和蓝田头村庄周围也有宽阔的平地和可通行汽车的路。（2）“裘吉生一行一路拖曳走来，整整走了四天，方才到达蓝田金家。”系杜撰。裘家去蓝田头村时，《国医》著者年仅二岁，显然不知。而据裘吉生长孙裘启敏（时已十岁）回忆：“从杭州去蓝田金家，全家分乘多辆人力车。当日傍晚到诸暨县城，在城内吃晚饭。饭后又乘人力车连夜到达蓝田金家。我还很清楚地记得在蓝田头做的十岁生日。”

79.《国医》第196页第10行“这样，一家人从此兵分二路。此后裘诗新带着一部分家人，辗转于湘鄂云贵”与史实不符。

根据裘诗新自己撰写的“人生路漫漫”一文，抗日战争时期，裘诗新的工作行程为：在杭州新登组织兵站医院——江西南昌——江西弋阳——湖南浏阳任第63后方医院代院长——湖南衡阳——兰州（途经株州、长沙、桂林、柳州、贵阳、重庆、成都）。期间没有到过云南，贵阳也只是路过，因此“辗转云贵”之说不成立。

（见52页、53页、54页图1－11、1－12、1－13）

80.《国医》第196页第15行“裘吉生在金家住了约有半年左右”与史实不符。

根据裘吉生长孙裘启敏回忆：裘家于1937年10月份到达诸暨兰田金家。裘启敏记得在金家做十岁生日（公历11月份），所以记忆清楚。生日之后不久裘吉生和夫人带着诗嘉、诗禄、诗寿、启慧、启瑞、启园、启柔即离开金家到绍兴（诗新、诗福、诗烇、启明、启懋去江西），到绍兴时间经回忆应在1937年底，所以暂住金家时间不到两个月。

81.《国医》第197页的第4行“孙德卿（1866－1932）”、第16行“记得孙德卿比自己年长7岁”、倒8行“适逢徐锡麟创办大通学堂，他任庶务长，”皆与史实有出入。

根据《绍兴文史资料》第一辑载孙德卿的堂叔、堂侄撰文：“孙德卿、孙庆麟生平事略”和《绍兴文史资料》第二十辑载孙德卿长孙孙伟撰文“回忆先祖孙德卿”都记述孙德卿生于1868年，因此是年长裘吉生五岁。又根据《绍兴文史资料》多处记述：在大通学堂孙德卿任“总理”（即总务主任）。

82.《国医》第198页第4行“更难忘的是，光绪三十三年（1907）秋瑾被捕时，孙兄不顾个人安危，冒着风险前来报信，使自己得以躲过一劫，而他却因而被捕入狱。”与史实有出入。

根据裘吉生长子裘诗新在1985年2月24日给笔者的信：“曾记父亲讲过，在秋侠蒙难后，在他钱庄前后密布‘包探’，那时叫‘红头探’。大通学校实是孙德卿，孙闻风来我家报讯，从前门走进，父亲示意叫逃离，孙一口气直从后门跳入停锚的一艘小船，那知正是包探的船，因此被抓入狱。秋案发后，父亲明知名单上也会有他，但他佯作镇静，竟以士绅身份坐轿去绍兴道台衙门要求保释孙等，知府不能擅作逮捕，还送父亲出衙门，犹如演戏一样。”

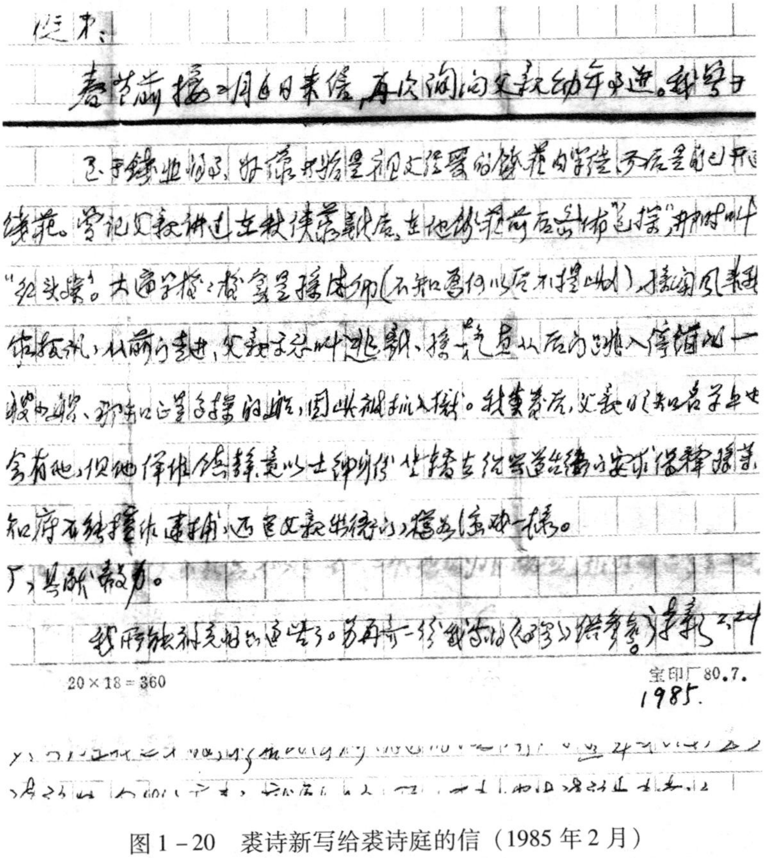

图1－20　裘诗新写给裘诗庭的信（1985年2月）

83.《国医》第199页第16行“杭州沦陷以后，平时常看的省内报刊，如《东南日报》和《浙江潮》等已经迁往金华，回到绍兴能经常看到《绍兴民国日报》，得力于一批年轻热血记者，这张报纸报道战事十分及时和活跃。……尤其是讲到抗日之战，敌强我弱，不能速战速决，只能动员广大民众，倚我辽阔疆土，作持久战之计，则胜利必在中国人民。这种论点与此前官方人士不是高叫‘速战速决’，便是‘中国必败’之论调，迥然不同，令人心折！”与史实不符。

裘吉生回到绍兴孙端期间是在1938至1940年。国民政府在1937年8月已经“决定中国实施全面抗战”，并决定中国抗日战争“取持久消耗战略”，向全国下达“抗战总动员令”。国民政府军委会重新划分战区，调整军队的战斗序列，设立“最高国防会”和“国防参议会”，负责筹划抗战国策。即使有人持有“速战速决”或“中国必败”之论调，也不能说可以代表“官方人士”。

84.《国医》第202页第8行“裘吉生举家来到龙游，先在城中体育场旁一家小旅馆暂住。其时，因省会及沿海内迁的人士众多，小县城内一时房屋颇为紧张起来，经学生岑佩芬四处寻觅，总算在东门外桥下租得一处房屋。”与史实不符。

根据裘吉生长孙裘启敏（时年已12足岁）回忆：裘吉生举家到龙游后先是住在岑伯伯（岑佩芬之父）家（龙游东阁桥下）大约有一个多月，后即迁居龙游城内运动场东巷11号并在此开设诊所。

（见172页图3－22：在龙游运动场东巷11号的裘氏方笺。）

85.《国医》第202页倒8行“不久，传来绍兴沦陷的消息，而沦陷经过却又十分蹊跷……占据杭嘉湖的日寇由杭州湾偷渡，在绍兴北面三十华里的三江登陆。一路上我方虽有地方团队把守，却没有遇到抵抗，敌人通行无阻地进入了县城。”

与史实不符。

日寇攻入绍兴县城并非“通行无阻”，转录2012年绍兴会稽山人博文“绍兴会战”：

诸绍战役和绍兴失守

1941年，江南的春天似乎姗姗来迟。3月下旬，浙东一带依旧是春寒料峭。

铅沉的阴云翻卷在古城绍兴的上空，早春绵密的寒雨淋漓地洒落，不祥的预兆也正笼罩在惶恐中的人们的心头；间或出现一个晴天，人们可以准确地预料到，安装在府山制高点上的空袭警报一定会凄厉地响起，市区的火车站、水运码头、柯桥和夏履桥一带的村镇……可已经是多次遭受日寇飞机的轰炸了！

杭（州）嘉（兴）湖（州）已经沦陷。此时，日寇统帅部的作战计划书上赫然是“南进诸暨、绍兴，接着占领浙江东南！……”

4月中旬，日寇第十五师团和第二十二师团各一部共约5000余人，集结在萧山、西兴、长河一带，会同集结在杭州七堡地区的2万余日寇，正待命侵占诸暨、绍兴。中国国民革命军第十集团军所属第八十六军和暂编第九军，也下达了保卫诸暨、绍兴的战斗命令。诸绍战役就这样打响了！

4月16日晨，日寇兵分两路向绍兴进犯。日寇主力3000余人，在航空兵和炮兵的掩护下，由萧山延公路向绍兴推进。我方守军利用工事顽强阻击，日寇伤亡较大，进展滞缓。另一路日寇约三、四百人，伪装成国民革命军第十六师部队，佩带“再厉”臂章，乘坐浅水艇2艘，橡皮气囊7只，偷袭绍兴三江口。16日夜20时许，得到增援的日寇偷袭部队，乘坐橡皮气囊40余只，在绍兴海塘登陆。而后日寇分兵三路进犯绍兴，并于17日凌晨占领了绍兴城。

日寇进城时，国民政府绍兴县长邓讱，在带领军民撤离时不幸中弹身亡。150余名县机关公务员，以及稽山中学师生和各银行经理，一同被日寇俘虏；县箔税局17人惨遭枪杀。绍兴城内各银行现金法币1200万元，以及金银首饰等大量贵重物品，被日寇掳掠一空。一批珍贵的历史文物，在水运码头装载入船，载往日本。绍兴城内北海桥附近的大批湘帮商人，被日寇驱赶到了河里，其中有想爬上岸逃命的，均被日寇用刺刀、枪托再打入河里，日寇丧心病狂地哈哈大笑，眼看着全部湘帮商人被淹死在北海桥下。一卡车的绍兴老百姓，被载往府山背后，日寇纵放军犬撕咬，咬死20余人……日寇在绍兴的兽行，罄竹难书。

激战绍兴城下

1941年9月，日寇进犯我军事重镇长沙，长沙保卫战打响了。

为了牵制日寇兵力，驻浙西南的中国国民革命军一部，奉命向日寇发动军事反击。国民革命军第四十九军二十六师和一〇一师，正在计划收复绍兴。

侦察得知，当时占据绍兴的敌人是日寇第二十二师团八十六联队第二大队，以及特种部队一部，共约1500余人；另有伪“反共和平建国军”500余人和伪“浙东保安队”400余人。

9月24日，国民革命军二十六师主力进抵至绍兴南部的平水镇。入夜，各路攻城突击部队已陆续进入前沿攻击阵地，并向师部报告已完成了所有的战斗准备。25日凌晨2时许，二十六师各种口径的大炮发出了正义的怒吼，火光映红了夜空，复仇的子弹愤怒地射向敌人，收复绍兴城的战斗打响了！

我突击部队发扬不怕牺牲、英勇顽强的精神，攻击战斗的进展曾一度比较顺利。战至10月3日，除绍兴城西亭山方向的外围据点外，日寇的外围防线已被二十六师突破。但遭到袭击的日寇，也正在作亡命的反抗。

经过连日苦战，到10月4日，二十六师主力已逼近到绍兴城东北的昌安门。4日中午12时许，昌安门外各据点及附近的重要桥梁，均被二十六师控制。日寇退守昌安城门，双方激战于王家山（蕺山）附近。二十六师曾数次强攻王家山和昌安城门，但由于王家山地形险要，日寇因山势构筑的各碉堡与昌安城门的日寇火力点遥相配合，形成的交叉火力给我攻城部队造成较大的伤亡，二十六师进攻受挫。

血染“三山”

10月4日一整天，阵地上空的硝烟消散不净，喊杀声、枪炮声此起彼伏！二十六师各部，正在倾全力攻城。

10月4日17时许，二十六师一部攻击部队，已冲到绍兴城东南的五云门、稽山门护城河河岸一线。七十八团三营营长杨松林，一个性格刚毅、作战骁勇的大个子，硬是在战场上冲杀出了一条血路，杨松林率领两个步兵尖刀连，已经突入到了绍兴城内。杨松林率部直插险要的“三山”（王家山、塔山、府山）制高点。城内的日寇不甘心被消灭，疯狂地扑向杨松林部，城西据点的日寇也从侧翼配合反击。敌我双方在“三山”脚下打得难解难分，激烈的战斗彻夜不停。

10月5日晨，为配合已突入城内的杨松林部的攻击，二十六师师部命令各团发起全线总攻击。二十六师官兵个个都杀红了眼，但由于日寇凭借碉堡工事及城内“三山”制高点上的阵地，又利用护城河及铁丝网等障碍阻隔，二十六师主力被阻于城外。突入城内的杨松林部，不幸反被日寇大部队包围。战至5日下午，杨松林部已弹尽粮绝；这时，悲壮的一幕发生了，杨松林部与日寇发生了空前激烈的白刃格斗战，因寡不敌众，中国军人的鲜血染红了“三山”阵地。杨松林部除一人在绍兴老百姓的保护下得以生还外，自营长杨松林以下全部壮烈殉国。

10月5日晚，日寇援军——八十四联队林山大队1500余人，杀气腾腾地由杭州紧急赶赴到了绍兴。10月6日，二十六师不得已停止了进攻，撤出战斗。

10月7日，趾高气扬的日寇出城追击，企图歼灭二十六师掩护部队。二十六师七十七团出敌不意，在绍兴南郊设下埋伏，当即就击毙日寇数十人。日寇退守芋芳湾山、和尚山等据点，又被我暂编十三师及二十六师七十七团包围。双方激战至10月8日黄昏，日寇残部终于得以向西回窜到了绍兴城内。国民革命军也撤退到诸暨枫桥一带休整。

又据《绍兴县志》记载：民国二十九年（1940）7月，日军侵扰镇海，绍兴告急，国民党军事当局下令破坏宁绍前线公路200多公里。

10月25日，小股日军由萧山经阮社、柯桥流窜绍兴，绍兴第一次沦陷。28日，国民军分3路向绍兴挺进，下午1时收复绍兴城。

民国三十年（1941）

4月3日，日军发起宁绍战役。16日晚，日军从后海登陆，入宋家溇，分两路向昌安、五云门偷袭绍兴县城，县长邓讱沿稽山门撤退时遇难。17日，县城沦陷，县箔税局18名工作人员在龙山遭枪杀。……下旬始，绍兴县政府机关辗转平水、王化撤至王坛、蒋村。

10月，国民党26师奉命反攻绍兴，三营营长杨松村率两个步兵连突入城内，因主力阻于城外，除1人生还外，全部官兵殉难。

86.《国医》第207页第13行“一次，余绍宋看到裘吉生视为镇室之宝的《岳飞手迹》册页，爱不释手，请求让他在册页上加盖鉴赏印章，并提出愿以田产若干来交换这一册页。裘吉生哈哈大笑，说自己是从来不主张置田产的人，盖因从古训中引出有言道：‘子孙贤，何必买田；子孙不贤，更不必买田。’在座友人听了，欢愉中还多了一份教益。”不符史实。

裘吉生在龙游时，余绍宋曾来裘家看字帖，但“提出愿以田产若干来交换这一册页”系杜撰。“子孙贤，何必买田……”之说，根据裘吉生的门生洪绍元和裘吉生的长孙裘启敏回忆（两人关于此事的回忆一致）：抗日战争时期裘吉生暂居寿昌县，有一次收到长子的汇款，当时在身边的寿昌籍门生劝他用此款买田，裘吉生说：“子孙贤，不用买田；子孙不贤，更不用买田。”

87.《国医》第207页倒4行“1942年5月，日军发动浙赣战役，沿着铁道线占领各个城市。金华失守，龙游告急。裘吉生匆匆带领全家离开龙游县城，在离城约15里的石佛乡蒋村避居。”与史实不符。

经查《龙游地名志》（龙游县地名办公室编、1990年印）

和《龙游县志》（中华书局 1991 年出版）龙游县石佛乡并无“蒋村”，而石佛乡离县城远不止 15 里。

根据裘吉生的长孙裘启敏（当时已有 14 足岁）回忆：1942 年 6 月日本鬼子侵占龙游之前，裘吉生一家迁移至离龙游县城约 8 里的杨家，杨家是裘吉生三子和长孙在读小学的班主任老师家。

88. 《国医》第 208 页第 14 行“为避危险，裘吉生领着家人只好再远迁至龙游县与寿昌县（后并入建德县）交界之地的后徐镇（今名下宅）。”与史实不符。

裘吉生一家离开龙游县城到杨家，再到石佛乡西垣村横坂头陈家，此处是裘吉生门生陈之鼎的家。（见 173 页图 3 – 23）（根据裘吉生的门生洪绍元和裘吉生的长孙裘启敏记忆，笔者找到了裘家当年暂住过的陈家）西垣横坂头已邻近寿昌县，因此在日寇侵占横坂头前裘家迁去寿昌县。裘氏一家没有到过后徐、下宅。

89. 《国医》第 208 页倒 10 行“一日，又传日寇要来，村民们再次扶老携幼向后山转避。在前几次躲避中，裘吉生由于年老力衰又体胖，上山颇觉吃力。一次在一处陡坡前，竟怎么也爬不上去。此时走在前面的四子诗禄回头看见，连忙倒回来帮扶。危急之中，一个 8 岁的孩子竟能一把将老父拖上了山坡。之后裘吉生每每提及此事，连称奇哉。”属于杜撰。

裘吉生身体魁梧，裘吉生的门生和义子洪绍元曾跟笔者说：1942 年裘吉生一家迁到龙游最北面（西垣村横坂头）后，为免日本人追赶，决定迁到寿昌去。洪绍元等人叫了两个青年农民来抬裘吉生去寿昌，两人来后一看如此魁梧，说是抬不动，后来又去叫了两个共四个青年合力一起才将裘吉生抬过去。要四个青年才能抬去的魁梧老人，时年7岁（1935年出生）的诗禄“竟能一把”“拖上了山坡”吗？

90.《国医》第208页倒4行“近日恰遇裘吉生感到身体不适，爬山必将更为困难。他想自己年老，又是一个医生，也许日军不至于难为自己吧。便让家人随村民一起上山避难，而自己留下来也可照应房舍。不想住的是村长之家，房舍比之一般村民稍好，越加引人注目。日军进村后，即由伪军带领径直来到这户人家，见到裘吉生，以为是户主，凶狠地嚷着要他交出梯子。原来浙西一带的山村居屋，一般人家两层楼屋之间，楼梯都是可移动的。房主一家逃走后，即将楼梯藏于别处，鬼子要上楼劫物，不见梯子故而叫嚷。自从抗战以来，裘吉生还是第一次面对这些凶神恶煞。眼前这些鬼子，虽然一个个荷枪实弹，端着明晃晃的刺刀，但他毫不畏惧，想到国仇家恨，不由得血冲头涌。他想要告诉他们自己虽不是此屋主人，也不能容忍他们的强盗行径。还未等他说话，那鬼子的枪托已经朝着他的胸口和头部捣过来了。裘吉生顿时头破血流，一刹时昏厥倒地。等他苏醒过来，见鬼子用方桌搭成梯子，已翻上了二楼正在翻箱倒柜。他连忙乘机从后门逃出，挣扎着爬上了后山。一家人迎着满身血污的他，惊恐得不知如何是好。”

此段内《国医》著者是编了个故事。

（1）此时已是1942年，抗日战争已经多年。而且裘吉生举家从杭州到诸暨到绍兴到龙游，一路避难颠簸。关于日寇暴行，听到的、看到的、经历过的已经很多，不可能存有所谓“他想自己年老，又是一个医生，也许日军不至于难为自己吧”的侥幸思想。

（2）根据当年随裘吉生辗转龙游等地的裘吉生长孙裘启敏（当时已 14 足岁）回忆：日寇对裘吉生施暴是发生在离龙游县城 8 里的杨家。原因是日寇要裘吉生为他们找“花姑娘”，被拒绝后遭日寇殴打，而不是什么“找楼梯”。到石佛西垣横坂头因为在日寇侵占前即避走寿昌，所以此处没有遭过殴打。

（3）《国医》著者说在日本鬼子施暴后“裘吉生顿时头破血流，一刹时昏厥倒地”，但接着又说“等他苏醒过来……他连忙乘机从后门逃出，挣扎着爬上了后山”。一个年近古稀（69 足岁），而且刚被打伤至“昏厥倒地”，如何在“苏醒过来”后还有力气“爬上了后山”？而且当年裘家暂住的石佛横坂头并无什么“后山”，笔者到实地看过，北面虽有群山，但相距许多里，作为受伤老人并非轻易可以“爬上”。

91.《国医》第 212 页倒 7 行“在治疗妇人‘脏燥症’一节中，介绍用甘麦大枣汤加减治疗，能奏良效。……又另举以调胃通腑治一妇女病的例子：病妇年三十余岁，因不孕，男人盼子心切，竟致以拳脚相加，遂造成举动失常，忽哭忽笑，不吃不便，十余日昼夜不眠，力气反很强，脉搏宏大，舌被厚苔。……”与裘吉生撰写的不符。

根据裘吉生撰写的《女科治疗学》“脏躁”一节，原文为：“临证活法例：余治一妇，年约三十岁余，因不孕，丈夫有纳妾之议，遂成举动异常，忽哭忽笑，不食不便，十余日昼夜不眠，力气反强，脉有洪大，舌被厚苔，余以调胃承气汤……”《国医》著者擅作了更改。

92.《国医》第 214 页第 1 行“裘吉生咬紧牙关，无奈之下，把十岁以上的几个孩子都打发出去，让他们自谋生路。……三子诗嘉平时喜读些医药书，便让他在邻村一家中药店做了学徒。……终于熬到了1943年”

此句记述裘诗嘉做中药学徒的时间和地点都有出入。时间上按照前后文，著者是指1942年之前，而事实是在1943年。1943年初，裘吉生举家迁到寿昌航头后，裘吉生让三子诗嘉在航头一家中药店当学徒。所以，地点并不是“邻村”，而是在本村。

根据裘诗嘉撰写的“我的文学梦”一文：“1943年初，刚满十一岁的我因为家境艰难，到浙西寿昌县航头村的回春堂中药店当了学徒。”

93.《国医》第214页倒5行“得到几位学生的帮助，裘吉生带着全家逐步向南转移。先到寿昌的东村，住在学生胡志源的家中。”与史实不符。

裘吉生没有叫“胡志源”的学生。根据裘吉生的长孙裘启敏（当时已有十四足岁）回忆：当年到寿昌县东村是住在一户因吸鸦片而破落的胡姓地主家中。

94.《国医》第214页倒3行“这年秋季，又应学生洪绍元的邀请，迁至建德县的大同镇。后又迁至航头镇的航头溪村。”与史实不符。

根据裘吉生长孙裘启敏（当时已十四足岁）和裘吉生三子裘诗嘉（当时已十一足岁）的回忆：裘吉生一家迁到寿昌县航头是在1943年。而据家在寿昌县大同镇的裘吉生门生洪绍元（当时已十七周岁）的回忆：裘吉生一家是在1944年从航头迁到大同镇的。因此，是先迁到航头，再迁到大同；时间上，1943年迁到航头，一年多以后再迁到大同。

95.《国医》第215页第7行“于是，裘吉生婉谢了声声挽留他的村民和学生，决定还是回到龙游县城去。……在回到龙游后不久，裘吉生突然病倒，且病势危急，大口大口地吐血，一时全家惊恐没了主意。县城里又没有医院，大家都深为焦急。”与史实不符。

根据在抗日战争时始终跟随祖父辗转浙东浙西的裘吉生长孙裘启敏回忆：抗日战争期间裘吉生胃出血只有一次，即1940年下半年在龙游县城运动场开设诊所期间，当时因劳累过度，胃出血，黑色大便，自己处方服中药治愈。日寇侵占龙游后裘吉生避居寿昌县，在寿昌县和后来又迁回龙游县城都没有胃出血，更没有“大口大口地吐血”。而且《国医》著者说：龙游“县城里又没有医院”，也不符实。

96.《国医》第218页第9行“原先这里是一条古河道，叫作运司河下，向北去直通昔日繁华的清波门，向南走则是清人旗下的大门——营门口。民国以后填埋了河道，改名为劳动路。”

此段有两处出入：（1）劳动路南起河坊街，通清波门；北至涌金路，通涌金门。《国医》著者颠倒了南北走向。（2）“原先这里是一条古河道”之说不确切。此处原为宋代两浙转运衙（运司署）所在，故称转运桥街，边有清湖河上游。清代，转运桥街改称运司河下，边河称运司河。民国25年(1936)，填运司河为路合并运司河下扩建后取名为劳动路(纪念填运司河由市民义务劳动)。

97.《国医》第219页第4行“裘吉生回到杭州以后，暂住在这条街上的159号墙门里。回来以后，才得知三三医院在沦陷后，随即被日本人占用。在这里开设一家名为‘松田’

的医院，医生和病人多为日本侨民。胜利以后，所有日人占用的房产，一概作为敌产没收，‘松田医院’自然也不例外。现在这里已经成了浙西行署主任贺扬灵的公馆。裘吉生多次交涉无果，只好先借住于王家，即妻子胡淑英的义父母的宅院里。”与史实不符。

裘吉生的三三医院，1923 年创办于杭州十五奎巷底四牌楼，1930 年迁至湖滨将军路柳营巷口，1933 年迁到开元路 46 号，1937 年抗日战争全面爆发后迁离杭州。杭州沦陷后日本人在湖滨开设“松田医院”，因为三三医院早已迁离湖滨柳营巷口，而且柳营巷口（三三医院原居地）房子本来就是租用的，所以三三医院不存在什么被“沦陷”、被“占用”的问题。《国医》中所述“被日本人占用”纯属杜撰，而说“裘吉生多次交涉无果”更是无中生有。

1933 年，这年裘吉生六十足岁，在湖滨柳营巷口的三三医院内办过寿宴。根据裘吉生长孙裘启敏回忆：在这次寿宴之后不久就搬家，离开柳营巷口到开元路 46 号。在搬家前还合摄了一张照片作纪念，照片内摄有裘诗烇、裘诗嘉、裘启明、裘启懋、裘启慧。裘启敏（即裘启懋）在照片背面题词：“摄于柳营巷口三三医院二楼走廊，一九三三年，是年祖父六十周岁。祖父一家迁居开元路 46 号，我父诗新一家和姑母也将迁往菜市桥光裕里。因叔侄分别在即，特留影纪念。”

1937 年，居于杭州开元路 46 号的裘吉生收到日本井上书店所寄信函。信封正面邮戳是民国三十六年八月一日，信封背面是寄信人写的昭和 12 年 7 月 28 日（昭和 12 年即 1937 年）。信封上地址是中华民国杭州开元路四十六号。可以证实此时裘吉生一家仍居于开元路。

（见153页图3－15）

图1－21　1933年夏在柳营巷口三三医院的合影

由于《国医》一书的错讹影响，2006年1月《杭州出版社》出版的《杭州名人名居》一书中“裘吉生和他的旧居”一文有“抗日战争期间，裘吉生携眷辗转行医于浙东、浙西。三三医院成日本侵略军所办松田医院。”等错误提法。

（见105页图2－4）

98.《国医》第219页第12行“更使他忧心如焚的，是得知寄放于回龙庙的书籍，被劫一空。赵止再已经亡故，赵家的房屋亦被大火烧光。从赵家邻居和在杭亲友那里得来的消息，有两种不尽相同的说法。一种说，有两个自称是门生的人，拿着伪造裘吉生手写的字条到赵家，说是受先生委托前来取书，赵止再不识真伪，书籍遂被悉数骗走，赵友得悉真情后，悔恨不已，不久病故。……”此说显然不实。

根据裘吉生长子裘诗新于1982年给笔者来信中说：“……及乎匆忙离杭，计四十大箱的藏书都运存在下城回龙庙我的朋友赵止在先生的桃园的屋中。后来被汉奸以查抄军火为名，抢劫一空，而纵火烧光了房屋。胜利后我见到赵先生时彼此相对苦笑着说：没有他的房子，我不会去存放如许东西，没有我的东西，他的房子（五开间的大房子）也不会被火烧光。”可见伪造字条骗书和赵止在悔恨病故之说均不可信。

99.《国医》第221页第11行“一年以后，他的境况很快有了改善。在吴山脚下的藩署前，租得一幢石库门清水砖的房屋。由于地处深巷，诊务多数则是在几家大药店坐堂执行。河坊街的叶种德堂、官巷口的汤养元（今长春药店）、庆春街的存仁堂（今红星药店）、中山中路的张同泰等药店里，都留有他的身影。”与史实不符。

裘吉生一家搬到藩署前桂林里已是在1946年下半年，当时裘吉生已是七十四岁高龄，而且身患病痛，出诊已少，不可能在“河坊街的叶种德堂、官巷口的汤养元、庆春街的存仁堂、中山中路的张同泰等药店里，都留有他的身影。”据杭州《天行报》刊载：早在1946年上半年裘吉生在劳动路159号开设诊所时也仅仅是上午在春和堂药店，下午在劳动路住家中。

附 1946 年 5 月 5 日《天行报》复印件。

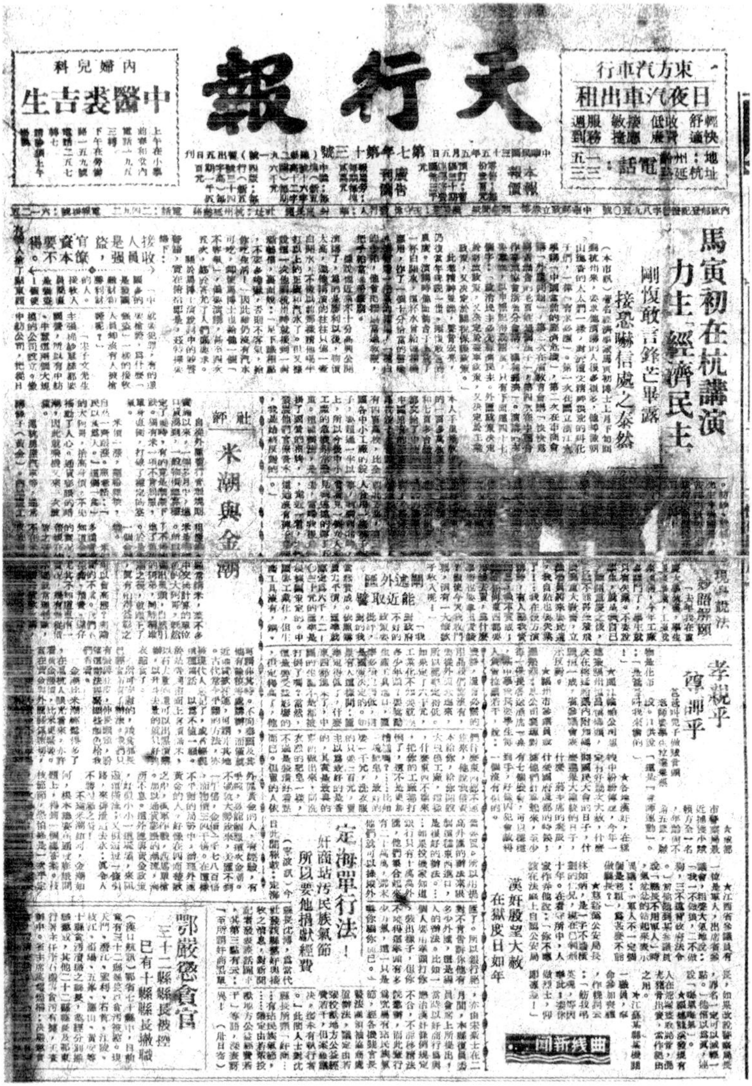

天行報

內婦兒科
中醫裘吉生

東方汽車行
日夜汽車出租

馬寅初在杭講演
力主「經濟民主」
剛愎敢言鋒芒畢露
接恐嚇信處之泰然

社評
米湖與金湖

定海單行法！
奸商玷污民族氣節
所以要他捐獻經費

鄂嚴懲貪官
三十二縣縣長被控
已有十縣縣長撤職

漢奸殷望大赦
在獄度日如年

曲線新聞

图 1－22　1946 年 5 月 5 日《天行报》

100.《国医》第221页第11行“一年以后，他的境况很快有了改善。在吴山脚下的藩署前租得一幢石库门清水砖的房屋。……环境一经改善，他便可以静下心来做更多的事了。……他将过去三三医院为培养学生而设立的实习班形式，改名为遥从部（即函授部）。……裘吉生再一次显现惊人的毅力，以那样高龄和体力，白天忙完诊务，夜晚挑灯，在没有多少参阅资料的情况下，全凭自己的记忆和经验，亲自执笔，以最快的速度编写起函授教材来了。……留下了三本映射他那惨淡人生的纪念之作。这三本著作就是《学医方针》、《诊断学》、《药物学初阶便读》。分别作为三三医社讲义之一、二、三刊行。”

此段有三处出入：

（1）裘吉生编写和刊行三三医社讲义《学医方针》《药物学初阶便读》《诊断学》是在居于劳动路159号时，并不是“在吴山脚下的藩署前，租得一幢石库门清水砖的房屋”“环境一经改善”之后。（见175页，不符史实图3－25，“裘制毓麟膏”告示即刊于三三医社讲义中）。

（2）裘吉生为培育后继，创办实习班和遥从部已多年，抗战胜利回到杭州后决心扩充学额、编刊讲义、进一步发展。根据《学医方针》原文：“惜医才无继起之人，仍不免有自然消灭之一日。遂老犹童心，鼓起余勇，将原有实习班，及遥从部，扩充学额，添招新生，以现代化并速成法，编就各科讲义，尽心教授。俾有志学医者，无求学无门之叹也。”而《国医》著者擅改为“他将过去三三医院为培养学生而设立的实习班形式，改名为‘遥从部’（即函授部）。”

（3）《国医》著者把三本三三医社讲义看作“留下了三本

映射他那惨淡人生的纪念之作。”裘吉生的人生是否应称为惨淡人生？

什么叫“惨淡”？根据《新华字典》（商务印书馆出版）注释：“［惨淡］ 1. 暗淡无色。2. 指辛苦：惨淡经营（现多用于贬义）。”

裘吉生刚步入青年时代即罹患肺痨以致病重，他自学“本草”，不但治愈了自己的病，还自学成为医生。早年他誓志光复，参加光复会、同盟会，和徐锡麟、秋瑾一起致力民主革命；在徐锡麟、秋瑾就义后，他又去东北以办实业之名为同盟会筹集资金，是辛亥革命先行者之一。他也是实业家，创办过教育馆、电厂、电灯公司、煤矿、药店等等。裘吉生是一代名医，清皇朝被推翻后弃政从医，先后创办“绍兴裘氏医院”和杭州“三三医院”，就诊病人，门庭若市，门前几致舟楫塞港车马堵道；当年肺痨、白喉、痢疾等流行，西医尚无药物，他研究创制了一整套对肺痨、白喉、痢疾的中医中药治疗法，活人无数；胡汉民（中华革命党政治部长、后任国民政府主席）上吐下泻，一时危急，请裘吉生诊治，一剂而愈，孙中山先生为他题词“救民疾苦”以示表彰；全国中医药代表大会召开，谭延闿（行政院院长、前国民政府主席）适患病，延请中医，中医界代表一致推举裘吉生，经诊治一剂病除；日寇侵犯杭州之后裘吉生虽处于颠沛流离、生活艰难的困境，仍以极大的热忱辗转浙东浙西为贫苦大众治病，因为疗效卓著，被民众誉为“裘一帖”。他又是藏书家，从全国各地和东瀛海外搜集中医古籍两万余册，是中国中医古籍最多的收藏者（医界同仁谓：“所藏医书，甲于国中”）。他是出版家，自资编辑、刊印医书医报达二千余种（中国医史文献研究所研究员曹丽娟著文说：“裘氏所刊医书是今天所存中医典籍的重要组成部分，长期居于难以超越的地位。”）。裘吉生是著名的医事活动家，创办医社，创办医报，他主编的《绍兴医药学报》和《三三医报》是中国最早的中医报刊之一；他为中医抗争，抱病参加全国中医药团体代表大会，任大会执行主席，并亲赴南京请愿，跟全国中医药代表一起抗争，迫使当局撤销了限期废止中医的决议案；在他建议和力争后立法院终于通过了设立“中央国医馆”，他被推为理事。裘吉生的贡献已为公认，他所办的医院和故居已列为文物保护单位。

笔者不明白《国医》著者出于什么样的心理，会认为裘吉生的人生是“惨淡人生”？会认为三本三三医社讲义是“映射他那惨淡人生的纪念之作”？而笔者认为：如《杭州日报》记者编辑韩斌在读了这三本三三医社讲义之后撰文中所说“就在劳动路159号简陋之所，他一面行医，一面开始编写最后的讲义。生命到了总结的时候，一部治病救人的医学专著，竟然写得光芒四射：‘林肯解放黑奴，何等好事，尚且有人反对。耶稣劝人听教，结果钉死十字架。孔子讲学，厄于陈邦——我们既具改革之心，就须有大无畏精神去奋斗。’”

101.《国医》第226页倒7行“他的《药物学初阶便读》……将浩繁的《本草》，提炼归纳为290种常用中药”而第227页第7行《国医》著者又写道：“一册《药物学初阶便读》，融汇了他终生研读和应用《本草纲目》之心得。记植物品272种、矿物品17种，动物品45种，以334首四言歌诀，标明其特性与功效。”有误，而且《国医》著者两处所写也自相矛盾。

经阅读《药物学初阶便读》原文，是列举330种常用中

后发电。1899年，杭州大有利电灯公司因亏损、欠资、经营困难，由俞丹平接收。

（4）“1909年正月受同盟会委派与俞英崖赴东北奉天，担任联络和筹资。”

1908年初，奉同盟会组织安排去东北从事实业并筹集资金，至辽阳，住入辽阳官署。1909年，至奉天。

（5）“1918年……继续主编复刊的《绍兴医药学报》（后改名为《绍兴医药月报》）”

1915年夏继续主编复刊的《绍兴医药学报》。1923年夏迁移杭州后改名《三三医报》继续刊行。《绍兴医药月报》系杜同甲、何廉臣主编，于1924年后刊行。

（6）“1922年，12月迁寓杭州，在城隍山麓西牌楼开设‘三三医社’”

1923年迁杭州四牌楼，创办三三医院，同时组建三三医社、编印《三三医报》。

（7）“1924年，湖滨柳营路开办三三医院。”

原在四牌楼的三三医院于1930年迁到湖滨将军路柳营巷口。

（8）“1925年夫人陈涵患病去世”

1926年夫人陈涵患病去世。

（9）“1931年，中央国医馆成立，受聘担任学术整理委员会专任委员。”

中央国医馆成立后任理事。

（10）“1938－39年，杭州‘三三医院’沦为日人‘松田医院’。”

裘吉生一家早于1933年迁至杭州开元路46号，抗日战争全面爆发后迁至浙东浙西。

（11）“1942年迁至寿昌与龙游交界之下徐镇（今名下宅），被日寇殴伤昏厥。”

1942年6月，迁龙游杨家，被日寇打伤头面部。7月，迁龙游石佛乡西垣横坂头。

（12）“1944年日军撤离龙游，重回龙游城内行医。胃出血大病。”

1944年5月迁寿昌县大同镇，设诊疗所。1945年迁回龙游县城行医，无“胃出血大病”。

（13）“1945年9月回到杭州暂住劳动路159号王宅。”

1946年1月举家迁回杭州，暂住劳动路159号王家。

（14）“1946年搬迁至吴山脚下藩司前……遂著《学医方针》《诊断学》《药性学便读》三册讲义，开设中医实习班，扩充为遥从部（函授）。”

《学医方针》《药物学初阶便读》《诊断学》三册讲义编于劳动路159号王家。

（15）“1947年患肝脓肿于4月21日逝世。”

1947年6月11日在桂林里寓所病逝。

第二章　已版书文有失实

（一）医卫名人

1996年初，笔者收到了浙江文史资料第五十八辑《浙江近代医卫名人》，（浙江省政协文史资料委员会编，浙江人民出版社1995年12月出版），看到了该书辑有“中医革新的先驱裘吉生”（裘诗路撰）一文。

“中医革新的先驱裘吉生”一文概述了裘吉生的生平，文中所述离史实还是不远的。但是该文有些错讹的地方：

该文说：“曾与何廉臣、曹炳章等创办《绍兴医药月报》”，应为创办《绍兴医药学报》。《绍兴医药月报》是在裘吉生于1923年迁居杭州、将原来主编的《绍兴医药学报》改名为《三三医报》继续主编发行之后，由仍在绍兴的中医于1924年创办的。《绍兴医药月报》以杜同甲任总编辑、何廉臣任副总编辑。

该文说裘吉生迁杭后“先在吴山之麓创办三三医社，后又在湖滨柳营口创办三三医院”。事实上裘吉生自1923年迁居杭州吴山之麓四牌楼39号后即创办三三医社，同时创办三三医院、发行《三三医报》等。后于1930年迁三三医社、三三医院至湖滨柳营巷口。1933年又迁至开元路46号直到1937年离开杭州。

该文说：“1947年5月21日，天将黎明，裘吉生那颗热切期待的心停止了跳动。”根据史实：裘吉生于1947年6月11日晚去世。

该文还将裘吉生迁杭时间误为1922年；将北京中医研究院认为裘吉生创制的疏肝和胃散对久治不愈的胃脘痛有一剂知二剂已的疗效误为“有一剂知二剂的异效”；杜撰裘吉生“撰有《学医必读》”等等

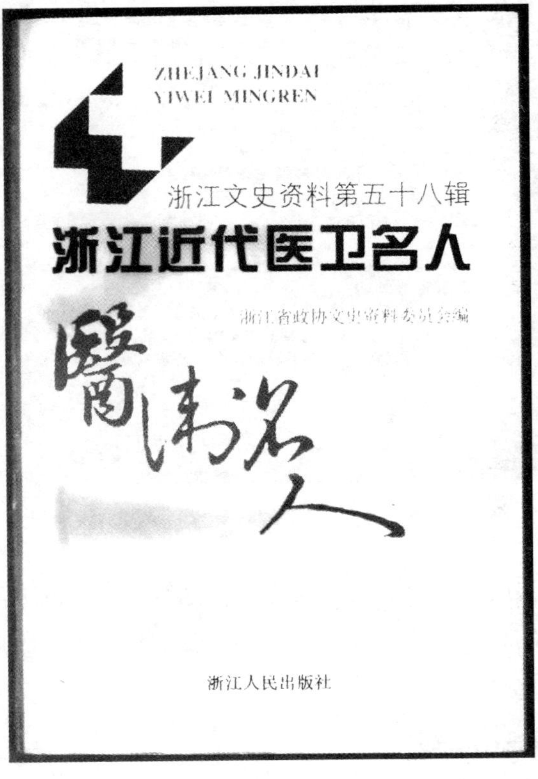

图2-1（1）　《浙江近代医卫名人》

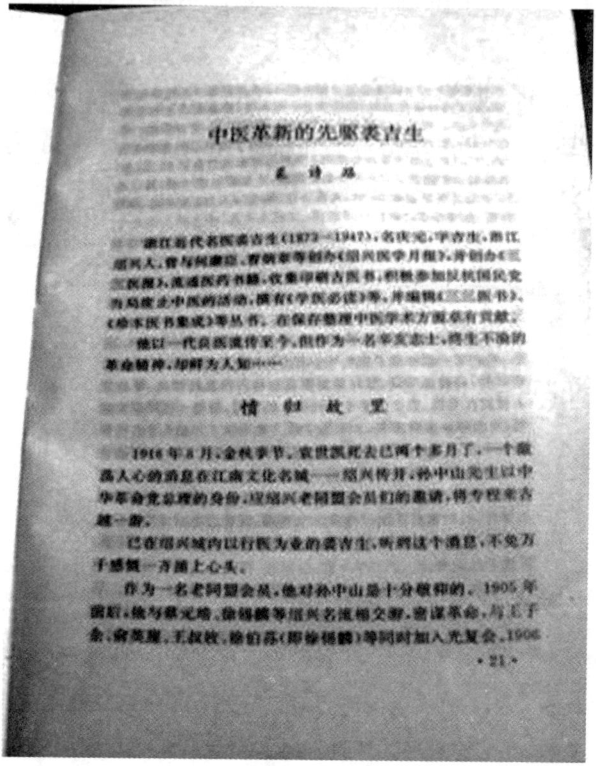

中医革新的先驱裘吉生

[illegible]

浙江近代名医裘吉生（1873—1947），名庆元，字吉生，浙江绍兴人。曾与何廉臣、曹炳章等创办《绍兴医学月报》，并创办《三三医报》，流通医药书籍，收集印刷古医书，积极参加反抗国民党当局废止中医的活动，撰有《学医必读》等，并编辑《三三医书》、《珍本医书集成》等丛书，在保存整理中医学术方面卓有贡献。

他以一代良医流传至今，但作为一名革命志士，终生不渝的革命精神，却鲜为人知……

情 归 故 里

1916年8月，金秋季节，袁世凯死去已两个多月了，一个振奋人心的消息在江南文化名城——绍兴传开，孙中山先生以中华革命党总理的身份，应绍兴老同盟会员们的邀请，将专程来古越一游。

已在绍兴城内以行医为业的裘吉生，听到这个消息，不免万千感慨一齐涌上心头。

作为一名老同盟会员，他对孙中山是十分敬仰的。1905年前后，他与蔡元培、徐锡麟等绍兴名流相交游，密谋革命，与王子余、俞英崖、王叔枚、徐伯荪（即徐锡麟）等同时加入光复会。1906

·21·

图 2-1（2） “中医革新的先驱裘吉生”

笔者当时认为撰写既往历史要完全符合当时的事实几乎是不大可能的，在记述的事迹和纪年上会常有出入，因此该文存在一些错讹是难免的。

（二）纪念封

1997 年 5 月，笔者收到了“裘吉生逝世五十周年”的纪念封，由绍兴鲁迅纪念馆发行。

图2-2（1）　裘吉生逝世五十周年纪念封正面

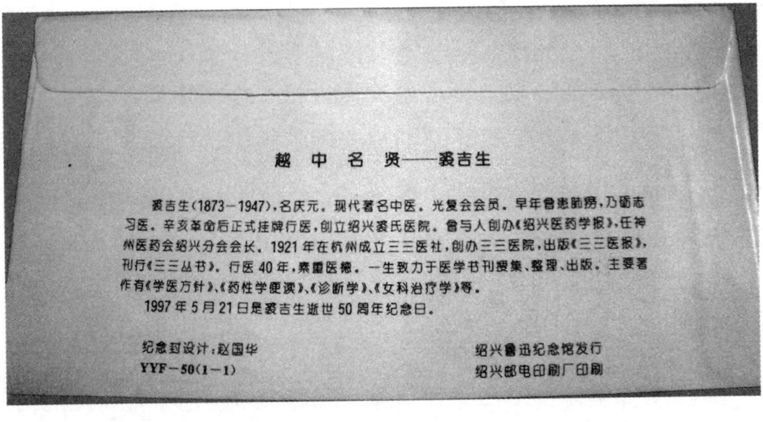

图2-2（2）　裘吉生逝世五十周年纪念封背面

绍兴鲁迅纪念馆能为裘吉生发行“逝世五十周年纪念封”当然是具有很好纪念意义的事，只是文字说明上除了将“在杭州成立三三医社，创办三三医院……”的时间错成1921年外，更主要的是将裘吉生逝世时间1947年6月11日错成5月

21 日。作为“逝世五十周年”的纪念封，将他逝世的时间记错确实是件遗憾的事。

这个“5 月 21 日”从哪里来？绍兴鲁迅纪念馆不知道裘吉生逝世的确切日期当然可以理解。但是，由绍兴地区中医学会主办的《绍兴中医》杂志在 1981 年第 2 期刊载有“绍兴地区医学史略”一文，文中明确地写道：“裘吉生，名庆元……不幸于民国三十六年六月十一日以肝病逝世……”可见绍兴中医界对裘吉生的逝世日期是明确知道的。很明显，“纪念封”的依据即是“中医革新的先驱裘吉生”一文。该文撰有“1947 年 5 月 21 日，天将黎明，裘吉生那颗热切期待的心停止了跳动。”其实，1947 年 5 月 21 日这一天裘吉生还活着。所以当笔者收到这个纪念封时心中立刻冒出一个念头，该文作者如果自己不确切知道裘吉生的逝世日，即使不屑于向兄弟们咨询，为什么不问一下自己的母亲呢？根据该文文末所具的撰写时间是“1988 年 10 月稿”，此时裘吉生的夫人胡淑英老人不但健在而且和该文作者住在同一个城市。

（三）快报上的故事

2003 年 6 月 27 日，《都市快报》“记忆杭州”栏目刊载了一篇“半生革命半生医”的文章（见 104 页图 2－3），记载了柳营巷口的“南线第一楼”相关事。该文作者写道：“另一位绍兴人、‘南线第一楼’旧主裘吉生则以自己的方式祭奠光复会同志：知名书贾王松泉先生在《民国杭州藏书家》的‘裘庆元’一节中说，‘三三医院’有纪念秋瑾之意，因其遇难于光绪三十三年。”此说甚不可信。因为裘吉生作为光复会会员、同盟会会员，以反清为己任，怎么可能用“光绪三十三年”这样的清王朝年号作为自己创办的医院、医社、医报名称？裘吉生在他主编的《三三医报》第一卷第一期（1923 年出版）中即已明确说明：“本报以医者须读三世之书求三年之艾方能三折其肱故以三三定名且以地方名称为报名反多界限”

“半生革命半生医”文中说“1922 年，裘吉生举家迁移杭州，在吴山脚下创建‘三三医社’；1924 年，他在‘第一楼’中正式创立‘三三医院’，孙中山先生四字题词悬于堂前。”与史实不符。裘吉生于 1923 年夏举家从绍兴迁居杭州十五奎巷底四牌楼（吴山之麓），同年在此创立三三医社、创办三三医院、出版《三三医报》，在堂前悬有孙中山先生四字题词。1930 年同时将三三医院、三三医社迁至柳营巷口新址。1933 年又迁至开元路 46 号。1924 年至 1930 年夏所谓“第一楼”中并无裘姓人居住，不存在什么“1924 年，他在‘第一楼’中正式创立‘三三医院’。”而该文中“正在为乃父作传的裘诗路 1935 年出生在这里”是虚构，因为裘吉生一家已于 1933 年迁离柳营巷口，裘诗路当然不可能在 1935 年时还出生在这里。

“半生革命半生医”文中还说：“杭州沦陷后，‘三三医院’更名‘松田医院’，专为日本人看病。”裘吉生于 1923 年在杭州十五奎巷底四牌楼创办了三三医院，于 1930 年迁至柳营巷口，于 1933 年夏又迁至开元路 46 号。1930 年后在柳营巷口的三三医院房屋系裘吉生租赁而来，并于 1933 年夏搬迁离去。因此，该处房屋在 1937 年之后不论日本人是否办过医院都不能称为“‘三三医院’更名‘松田医院’”，与史实不符。此错误记述还被 2006 年出版的由杭州市地名办等编撰的《杭州的街巷里弄》一书引用，称“日寇占领杭州后，三三医院沦为日本人开设的松田医院。”

记·杭州
半生革命半生医
救民疾苦
孫文題詞
“现代化医学”
裘吉生小传
新闻回溯历史
GOLDEN WEEKLY

图2-3　《都市快报》“半生革命半生医”

（四）名人名居

由杭州市政协文史资料委员会编、杭州出版社2006年1月出版的《杭州名人名居》一书，其中有一篇“裘吉生和他的旧居。”

诵读“裘吉生和他的旧居”（以下简称“旧居”）一文后，其中有多处与史实有出入：

图2-4（1）《杭州名人名居》

裘吉生和他的旧居

图 2－4（2）“裘吉生和他的旧居”

1. “旧居”文中说“裘吉生……宣传革命思想。徐锡麟、秋瑾就义后，教育馆被查封，他也在黑名单上，就以行医为掩护，远走东北。”史实是：徐、秋二烈士就义后，裘吉生和俞英崖等同盟会会员受同盟会委派去东北奉天、铁岭等地办电厂和煤矿，是以办公司办实业为名掩护联络革命同志，并为同盟会筹集活动资金，继续光复革命。在辛亥革命后的 1912 年，裘吉生还和王金发等人去北京上书袁世凯条陈革命大计。但之

后袁世凯倒行逆施，裘吉生目睹官场腐朽才愤归故乡绍兴，悬壶自隐

2. “旧居”文中说：“1923 年……成立三三医社。1926 年，迁柳营路口，改三三医社成三三医院。”事实是：1923 年夏，裘吉生迁居杭州四牌楼 39 号。成立三三医社、创办三三医院、出版《三三医报》，皆在同时进行，不存在“改三三医社成三三医院”的过程。而且迁三三医院至柳营巷口是在 1930 年而非 1926 年。

3. “旧居”文中说：“迁柳营路口……进入大门，正面悬一紫红巨匾，上有孙中山手书‘救民疾苦’四字。”根据 1926 年至 1929 年都在四牌楼 39 号三三医院内师从裘吉生实习中医的郑琴隐跟笔者讲：悬挂有孙中山四字题词的紫红巨匾是在四牌楼三三医院内，不是在柳营巷口。之后笔者根据郑琴隐口述记录了此事。

4. “旧居”文中说：“抗日战争期间，裘吉生携眷辗转行医于浙东、浙西。三三医院成日本侵略军所办松田医院。1946 年，他回杭州，把三三医院部分房产卖与上海持志大学校长何思毅。”根据裘吉生夫人胡淑英告知笔者：柳营巷口的三三医院系裘吉生租赁了此处房屋，将原在四牌楼的三三医院迁至此处，对此房屋并无产权。裘吉生二子裘诗煃也曾告知笔者：柳营巷口房子是租的，没有产权。又根据裘吉生长孙裘启敏告知笔者：裘吉生跟裘启敏讲过柳营巷口房子无产权；裘吉生长子裘诗新也跟裘启敏讲过没有此处产权。所以说：柳营巷口原三三医院的房子裘家并无产权，当然也不可能存在转买之事。何况裘吉生所办三三医院早于 1933 年已迁至开元路 46 号，自然不会到 1946 年又出来转卖的事。

至于“卖与上海持志大学校长何思毅”纯属虚构。而且在1946年，裘吉生携家眷从龙游迁回杭州时，因一时无法解决住房，只能暂时借住在劳动路159号王家。如果存在房产，何需借住？事实上，裘吉生行医中收入主要用于购书和出版书刊，发扬中医事业，没有购买房产。另外，因为三三医院早在杭州沦陷前四年多就已搬离柳营巷口，所以“旧居”文中“抗日战争期间……三三医院成日本侵略军所办松田医院。”的提法也是不妥当的。

5.“旧居”文中“裘吉生……第二年，他病故于此。”（按该文所述，“此”是指的“南山路与柳营路交界处”。）不符史实。裘吉生及家眷于1946年下半年迁居藩署前桂林里，于1947年在桂林里病故。弥留之际，笔者在床侧。

6.“旧居”一文的所附参考资料署名，将撰写者之一裘诗庭误刊为裘诗路。

（五）重印与审订

裘吉生主编的中医丛书《珍本医书集成》由世界书局在1936年出版后得到了中医界的重视和好评，认为“平时不能寓目之古贤遗著及未刊秘籍，得复现于世界。”当时的中央国医馆馆长、辛亥革命元老焦易堂也热情颂曰：“本馆倡导国医，整理医籍，此种编刊实为最伟大之贡献。”1961年，已迁台湾的世界书局在增补三十种后出版了《增补珍本医书集成》。1985年，上海科学技术出版社重印了《珍本医书集成》。1999年，中国中医药出版社再版了《珍本医书集成》。皆旨在推广中医珍本古籍，发扬中医事业，是有益于民众健康的大好事。

上海科学技术出版社 1985 年的重印本采用影印办法，因而没有改动初版本的各种珍本，却与初版本有了四点不同：

(1) 裘吉生主编的《珍本医书集成》乃精选各种必读名作，诸书都经过详细校勘厘正并加句读。每种珍本的卷首皆列“内容提要”一篇，多为裘吉生手撰。每则虽一、二百字，但钩元提要，概况无遗。且辨论精辟，考证审详，读之已可概全书精华，知其求舍。但 1985 年上海科学技术出版社在重印《珍本医书集成》时将初版时由主编者裘吉生手撰的“内容提要”全部删去，然后由主持重印的王玉润等人将原有的“内容提要”经过增删后改成了“重撰书目提要”。再把同一册书的几种珍本“书目提要”合为一篇置于每册书的前面。

(2) 将初版本的许多序言全部删去，其中包括近现代著名中医萧龙友、秦伯未、陆渊雷、徐相任、时逸人、周小农、张赞臣、鄒趾痕、沈仲圭、曹炳章等精心撰写的序；加进了王玉润写的一篇‘序’，而且列于每册书的首页，重复刊印十四次之多。

(3) 将初版本的“裘吉生主编”改为“裘吉生原编”，再加上“王玉润、张伯讷、何傅毅审订”

(4) 丛书的“凡例”和作为正文的九十种珍本皆未更动，每册书的末页加有“校勘表”。

《珍本医书集成》是由裘吉生主编、于民国二十五年(1936 年) 由上海世界书局正式出版。在近五十年之后，由王玉润、张伯讷、何傅毅三人“审订”这部丛书。将原来早已正式出版了的书，重写了序言和内容提要，校勘了初版本排印中的错漏字，而各种珍本的内容和编排次序均按原编影印，即可冠以“审订”，不知何谓审订？古人的珍本，前辈的编校，三位订正了少许排印中的错字，也算作了贡献，称为“校订”尚可，居然要“审”而“订”之，未免对古人、对前辈太不尊重了。

图 2-5（1）《珍本医书集成》1985 年重印本

裘吉生　原编
王玉潤
張伯訥
何傳毅　審訂

珍本醫書集成（一）
（醫經類）
上海科學技術出版社出版
（上海瑞金二路四五〇號）
新華書店上海發行所發行　上海市印刷七廠印刷
開本七八七×一〇九二　三十二開　印張一六·五
插頁四　字數二六六，〇〇〇
一九八五年五月第一版　一九八五年五月第一次印刷
統一書號：一四一一九·一七七九　定價：精裝四·四〇元

图 2－5（2）《珍本医书集成》1985 年重印本版权页

第三章 裘吉生传略

裘吉生先生早年致力于推翻满清腐败统治、拯救民众的革命事业。辛亥革命后又抱“救民疾苦”之志尽瘁医事。重视医德、刻苦自学、博采众长、精于临床。热心教育、培养后继。大量搜集刊行医书医报，打破守秘陋习，倡导中西医结合，创议现代化医学。为捍卫中医事业不畏权贵与当局作坚决的斗争。是近代医林耆宿、教育家、出版家、国内著名的医事活动家。

笔者多方考证、采访、收集和查阅资料，根据裘吉生长子裘诗新和裘吉生门生郑琴隐的口述、信函、文稿；综合了裘吉生夫人胡淑英、裘吉生门生洪绍元、裘吉生长孙裘启敏的回忆；采访了绍兴资深人士朱仲华、绍兴老中医周雪君、朱惜民、金仲扬、顾仁在、曹幼华、葛绥等；为核实史迹分别专程去了抗日战争期间裘吉生转辗浙东浙西为民治病时临诊和生活过的诸暨县蓝田村、绍兴县孙端镇、龙游县运动场、范家巷、石佛横坂头村、寿昌县毛家村、大同镇、龙游县后高山以及裘氏家族聚居处绍兴县平水镇斗坵村与西裘村、绍兴县稽东镇裘村、嵊县崇仁镇等地；还参考了《绍兴医药学报》《三三医报》《三三医书》《珍本医书集成》《珍本医书集成续编提要》《皇汉医学丛书续编提要》和《中国医药研究月报》《浙江辛亥革命回忆录》《辛亥革命浙江史料选辑》《辛亥革命绍兴史料》《绍兴文史资料选辑》《绍兴县同善局附设施医局医方汇选》《蔡孑民先生传略》《皇汉医学丛书》《越州裘氏本源考》

《绍兴裘氏宗谱》等书刊才写就本文。尽力希望能接近史实，使后人真实地客观地了解裘吉生的一生。

（一）医宿永耀

1947 年（民国三十六年）6 月 12 日，杭州《东南日报》市闻栏内载："名医裘吉生逝世"一文，报道了裘吉生于 11 日晚逝世。并说：裘原籍绍兴，为同盟会老同志，生平急公好义，一旦溘逝，闻者悼惜。

中医界惊闻噩耗，同声哀悼。杭州市三十余位知名中医同仁联名同挽，上书"医宿永耀"四字。同仁健公在悼词中说："此日惊闻跨鹤去，三千子弟哭先生！正值榴花带暑开，不期仙驾赴蓬莱，人间未了匡时愿，天上偏留医国才……"

中国医药研究月报社社长汤士彦代表医界同道致悼文中说："我们骤闻此一噩耗，不仅为本市同道痛失导师，即全国医药界同仁闻之，亦必为之怆悼不已！尤其是中医药界，现方处于震撼危难之秋，正需要像先生这样的人来撑持，今不幸遽归道山，无疑的这是一个莫大的损失！"

汤先生在悼文中说："先生为人，亢爽耿直，极当热忱；早岁从事革命，为同盟会老同志，与当今中枢要人，颇多渊源。鼎革以后，不求闻达，惟决心一志，尽瘁医学；五十年来，始终如一，可以算得老而弥坚，久而弥笃。平生所蒐罗的孤本，精钞本，先贤遗著，以及东瀛版本，医稿，不下数千百种，国内外珍藏善本医籍的，无不推先生为巨擘。又以礼记上有'医不三世，不服其药'，左传上有'三折肱，知为良医'的古训，因设立三三医社，创办三三医院，刊行三三丛书，出版三三医报，其宣扬文化，嘉惠杏林，利物济人之功，尤不可

哀思裘吉生先生

湯士彥

杭州東南日報六月十二日市聞欄內，載有「名醫裘吉生逝世」消息一則。原文為：（本市訊）名醫裘吉生病老衰，已二月，延至本月十一日晚逝世，享壽七十五。裘原籍紹興，為同盟會老同志，生平急公好義，一旦遽逝，聞者悼惜云。

（上圖裘氏遺影）

我們驟聞此一噩耗，不僅為本市同道痛失導師；即全國醫藥界同仁聞之，亦必為之愴悼不已！尤其是中醫藥界，現方處於艱危險難之秋，正需要像先生這樣的人來撐持；今不幸遽歸道山，無疑的這是一個莫大的損失！

先生平素，體格本很強健，故雖年屆古稀，而精神矍鑠，不減少壯；嘗以「不老老人」自署。這次係患肝病，竭力治療，服藥調治，泡然罔效；終以年邁，漸入老衰，延綿經月，竟至不起，實非意料所及。

先生為人，卓越欣喜，極富熱忱：早歲從事革命，為同盟會老同志，與當今中樞要人，頗多淵源。鼎革以後，不求聞達，惟決心一志，獻身醫學；五十年來，始終如一，可以算得老而彌堅，久而彌篤。平生所蒐羅的孤本、精抄本、先賢遺著，以及東瀛版本、醫稿，不下數千百種，國內外珍藏善本醫籍的，無不推先生為巨擘。又以禮記上有「醫不三世，不服其藥」左傳上有「三折肱，知為良醫」的古訓，因設立三三醫社，創辦三三醫院，刊行三三叢書，出版三三醫報，其宣揚文化，嘉惠杏林，利物濟人之功，尤不可滅。惜乎經過八年戰亂，先生存書，都已盡付劫灰；先生事業，亦俱一時不易恢復；此最為先生及全國醫界同仁之所痛惜！想先生生前桃李盈門，輝映一時；曾刪詩新見又能克紹箕裘，繼承遺志；我們深深期望他們能夠將先生事業，積極復員，發揚光大，永垂不朽。

回憶編者獲交先生，尚遠在民十六浙省中醫協會成立之時。明年，先生當選為會常委，余亦任執行常委，凡所規劃，得先生的贊助最多；以是會務蒸蒸日上，各縣分會相繼成立。又明年，中央衛生委員會在京開會時，某西醫竟有「中醫廢滅」的狂吠，從而引起三、一七全國中醫藥界的怒吼。先生與余，分別膺代表之命，赴滬出席會議，在場慷慨陳詞，痛哭流涕，呼籲團結。並首告奮勇，晉京請願，得譚故院長的垂許，將一切禁錮中國醫藥的法令，呈奉國府蔣主席的核准，完全撤銷。同年冬，全國醫藥總會復召開臨時代表大會，先生與余，再度參加。而先生此時以為欲抑制西醫在衛生行政上加諸我們的桎梏，應另闢蹊徑，乃提出向當軸建議設中央國醫館之請，揭櫫管理、研究、改進中國醫藥三大目標，縝劃進行，夙夜不懈，僕僕京滬，幾至廢寢忘餐。結果，卒獲得七十六次國務會議通過核准設立。此為先生生平對中醫藥界貢獻最大的一事。

不料後來中央國醫館正式成立的時候，為了爭取管理權，反而無以通過，因之紛起論爭；編者當時大聲疾呼，曾有「沒有管理權，何貴有此國醫館，我們不要」的憤言；但終因主持者抵不住外來的壓力，委曲求全，暫時放棄；以致造成如今改隸社會部的後果。說來我們實在對不起先生！

現在這位為中醫藥界奔走奮鬥五十年的老將，他已經有了交代，從此也就不聲不響的永恆地安息了！試問我們後死的，將如何來為中國醫藥努力？

編者今以萬分沉痛的心情，和無限悲傷的哀思，寫完了這篇悼文。同時再放眼看看我們這一輩，真有說不盡的感慨！有的嘩，門戶自禧，瓦釜不修。又有的嘩，勇於內鬨，怯於對外。更有的嘩，燕處危巢，怡然自得。故我說：「將來亡中醫的，必是中醫自己」所以今天我們除痛哭逝者之餘，還得為中醫界本身一哭！

（民國三十六年六月二十一日於本社）

吉生裘老先生千古

醫宿永耀

同拜輓

（9）

图 3－1　医宿永耀

灭。惜乎经过八年战乱，先生存书，都已尽付劫灰。先生事业，亦俱一时不易恢复。此最为先生及全国医界同仁之所痛惜！想先生生前桃李盈门，辉映一时……我们深深期望他们能够将先生事业，积极复员，发扬光大，永垂不朽。”

“回忆编者获交先生，尚远在民十六浙省中医协会成立之时。明年，先生当选监会常委，余谬任执会常委，凡所规划，得先生的臂助最多；以是会务蒸蒸日上，各县分会相继成立。又明年，中央卫生委员会在京开会时，某西医竟有“中医应灭”的狂吠，从而引起三·一七全国中医药界的怒吼。先生与余，分别膺代表之命，赴沪出席会议，在场慷慨陈词，痛哭流涕，呼吁团结。并首告奋勇，晋京请愿……同年冬，全国医药总会复召开临时代表大会，先生与余，再度参加。而先生此时以为欲挣脱西医在卫生行政上加诸我们的桎梏，应另辟蹊径，乃提出向当局进创设中央国医馆之请。楬橥管理、研究、改进中国医药三大目标，擘画进行，夙夜不懈，仆仆京沪，几至废寝忘餐。结果，卒获得七十六次国务会议通过核准设立。此为先生生平对中医药界贡献最大的一事。”

“现在这位为中医药界奔走奋斗五十年的老将，他已经有了交代，从此也就不声不响的永恒地安息了！试问我们后死的，将如何来为中国医药努力？……所以今天我们除痛哭逝者之余，还得为中医界本身一哭！”

汤士彦的担心不无道理。但是，纵使有无限的坎坷与曲折，历史终究是向前进的。中医药事业也会披荆斩棘以其固有的生命力向前发展。

在裘吉生逝世以后这五十多年里，他竭尽全力为之发扬光大的事业有了较多的发展。中医药不仅在中国，在英国、荷兰、美国、澳大利亚、泰国、新加坡等国都有了较多的临床实践和推广应用，为世界医药文明与世界各国人民做出了贡献。裘吉生主编的《三三医书》已经再版发行，《珍本医书集成》在海峡两岸都分别有了再版和发行。裘吉生行医和居住过的湖滨将军路柳营巷口的原“三三医院”旧址已经作为文物保护单位留下来。并于2003年9月在旧址门口安装了铜框铭牌。铭牌上刻有："1923年，裘吉生先生创办三三医院于十五奎巷，二十世纪30年代迁此。裘吉生，辛亥革命元老，早年加入光复会，曾以行医为掩护奔走东北为同盟会筹资。作为著名中医，他力主中西医结合，医德高尚，对贫穷病人时有减免诊费、赠送药品之举。医院还曾出版《三三医报》、《三三医书》等。"此外，铭牌上还刻有《三三医书》和裘吉生行医采药的画面。裘吉生，近代医林耆宿，可以含笑瞑目了。

裘吉生的经历，正如《杭州日报》记者编辑韩斌在"民国奇人裘吉生的杭州行迹"一文中所说："在后人看来足够传奇：自学成材为良医，一奇；热衷实业，办教育馆、办印刷厂、办杭州最早的电厂，二奇；投身革命，参加光复会、同盟会，与秋瑾、徐锡麟等革命党人歃血为盟，三奇；革命后功成身退，以'强国必先强民'之心继续从医，开创了杭州最早的中西医结合医院，四奇；胸襟豁达，思想开放，打破门户之见，一生致力于中医的推广普及，是全国中医珍本刊印发行最多的出版家，五奇。"

（二）自学成医

1873年6月22日（清·同治十二年五月二十八日）家住绍兴县县城水澄巷口（今绍兴市胜利西路东段）的裘沛山格外高兴，因为妻子给他生了个男孩。当年，裘沛山才二十岁出头，有了儿子，满心欢喜，就取名庆元，字吉生。他希望儿子会带来好运。

自庆元出生之后，裘沛山家接连添丁。在庆元十三岁时已有了二个弟弟四个妹妹。裘沛山依靠勤劳、经商和节俭，在绍兴利济桥（新河里和山阴大街交叉口，山阴大街今名解放路）附近开设了一爿钱庄，取名“乾泰”。当年在绍兴这种小型钱庄很多，竞争激烈，盈利甚薄，所以裘庆元年少时因弟妹众多、家境不裕，不能供读举子业。他在私塾读了几年之后到了十五岁就以长子分担家庭重负，去余姚县学艺于铜器手工业。到十六岁时遵父命回绍兴随父习钱业，在乾泰钱庄内当学徒。

晚清时期，老百姓生活非常贫困，卫生条件更是无从提起。肺痨病（肺结核）流行，不少人死于肺痨晚期。进钱庄不久，裘吉生也常有咳嗽，面色萎黄，日渐消瘦，甚至咯痰带血，患上了肺痨病。至十八岁，肺痨已是第三期。当时是最严重的病危状态。来诊治的医生已婉言回绝，认为已经没有了治愈的希望。

年青的裘吉生不甘病殁，以在钱庄学徒所得之微薄月薪积蓄从书店购买了《本草纲目》和其他中医书籍。他在家一边闭门静心养病，一边认真读医药书籍。常常爱不释手，每至深夜掩灯捧读直到天明。捡诸医生为他处方的药味对照《本草》以了解其疗效所在。根据自己的病情，明确那一味药对症而疗效显著，然后集成方剂以自疗。最后试用中药甘寒滋养的方剂并结合灸治的方法来治疗自己的病症。

由于专心学习和认真总结经验，通过对症施治，裘吉生的病竟慢慢有了好转。面色开始红润，咯血已止，咳嗽也渐渐消失。到十九岁时他已经用中医中药完全治愈了自己的肺病。他不但通过慢慢摸索治好了自己的病，而且由于亲身实践，有了直接的心得体会，完全依靠自学成了医生。他在诵读“本草”、学习中医、并结合灸治法以自疗之后，也为患有疾病，找他诊疗的亲友和乡邻们治病。后来就在居住处正式行医。

1890 年娶妻陈涵。陈涵系绍兴东乡车家浦（今属上虞县啸唫乡）人。陈氏先祖为宋代进士参议大夫陈远，时驻上虞。后来其子孙之一陈闰二于明代迁居绍兴车家浦，为车家浦陈氏始祖。陈涵之母行医，家传善于灸治。陈涵早年就读于蔡元培所办的爱国女校。热心光复革命，与秋瑾交往密切，曾同在绍兴城里万安桥大觉林寺内由徐锡麟创办的明道女校任职。婚后育一子一女。

图 3－2　秋瑾与绍兴明道女校师生合影（1905 年）

后排左二　秋瑾　　后排左三　裘吉生夫人陈涵

中排右二　裘吉生的四妹裘庆媛

图 3－3　裘吉生与长子裘诗新、长女裘诗福合影（1921 年）

（三）志存高远

裘吉生当时虽是乾泰钱庄的店员，但从十九岁起即在居住处（水澄巷口）正式行医治病。凡亲友以肺痨和其他疾病求其医治者多有治愈。因此学医的信心倍增，广购医药书籍，锐志钻研医学。由博览群书而造诣日深，竟成一代名医。是自学成功的一个典范。

青年裘吉生意气风发，心存大志。他那红润的奕奕有神的面孔，虽然年轻却宽宽的肩膀，虽然偏瘦但很挺拔的身影常常出现在很多地方，给人留下深深的印象。

他热心于兴办实业。当时主要是办电厂，他是杭州电厂的发起人。1897 年（光绪二十三年）8 月，他到杭州接办电厂，定名为杭州“大有利电灯公司”。登报招股集资，并借有上海洋行外资。委托上海信义洋行购办德国西门子发电设备。据裘吉生后来跟家人谈起：当时筹划很紧张，甚至去浴室洗澡也有人到浴室去找他商议电厂和电灯公司的事。1898 年（光绪二十四年），杭州大有利电灯公司在葵巷营造厂房，安装机器，并于 4 月份建成后发电。当时街灯已树。但后因清末时候社会习俗落后，认识闭塞，人们怕着“天火烧”，不愿接灯。以致后来亏损、欠资、经营困难。之后，大有利电厂为俞丹平接收。

裘吉生在绍兴水澄巷口创办了一座“教育馆”。教育馆即是书坊，类似现在的图书馆，可以看书借书。在当时是种极为新颖的做法。借此可以宣传革命思想。后来秋瑾在上海创办了《中国女报》，宣传民族革命和妇女解放等。在上海、北京、杭州、嘉兴、绍兴皆设立特约代派处。绍兴特约代派处即是在裘吉生的教育馆内。

裘吉生热衷于教育事业，曾任绍兴劝学所（相当于教育局）所长。1906 年（光绪三十二年）春，秋瑾等建议设立绍兴学务公所以促进绍属八县之教育事业。学务公所成立后由蔡元培任总理，邀裘吉生和杜海生相助。先设一师范讲习所，讲授教育上所需要的各种科学知识。

裘吉生还创办了“绍兴印刷厂”，迁居杭州后该厂的倪爰天先生还来杭州找过裘吉生。另一位印刷厂的工人宣铁吾，即是后来成为国民党的红人，他在去广州进黄埔军校时路过杭州还来裘吉生家辞行。

（四）誓志光复

19 世纪末年，清廷腐败。满清政府对外屈膝投降，丧权辱国；对内残酷剥削压迫，实行其“愚黔首，虐汉族”的反动政策，致使民族矛盾日益尖锐。国弱民穷，可是清政府还是掩饰太平，过着荒淫奢侈的腐朽生活。于是，有志之士纷纷起来，寻求革命，密谋推翻清政府，光复中华。

当时，裘吉生正是热血青年，他易名“激声”志其对清廷腐败之愤激。与徐锡麟、陶成章、秋瑾、蔡元培、鲁迅等革命志士相识。

根据裘吉生的门生郑琴隐和长子裘诗新的回忆，裘吉生曾跟他们谈过早年参加光复革命的情况：

徐锡麟、陶成章等在创办大通体育学堂之前即在浙东绍兴一带物色革命志士，曾有二十八人滴血为盟。结盟者有徐锡麟、陶成章、秋瑾、孙德卿、王子余、王叔梅、俞英崖、裘吉生、王金发等。结盟时情况，是用面盆盛着一大盆酒，上横宝剑一把，二十八人举手宣誓：“驱除满奴，光复神州”。誓毕，各刺指头滴血于酒中，然后各用大杯取血酒满杯，一饮而尽。

1904 年（光绪三十年），蔡元培、陶成章组织光复会。裘吉生由蔡元培、蔡元康兄弟介绍参加了光复会（后又转入同盟会）。同时加入者有王子余、俞英崖、王叔梅、徐锡麟等。

滴血为盟的二十八人经过秘密会商，在绍兴创办了大通学堂。大通学堂虽托名为培养小学体育师资，实则训练军官。内部编制，悉仿陆军，备为革命队伍。大通学堂开学后，徐锡麟、陶成章、秋瑾先后去日本筹备革命事宜。大通学堂由孙德卿、姚定生、裘吉生、竺绍康等人负责维持。

徐锡麟自日本回国后，即商定由秋瑾来绍兴负责，徐锡麟到安庆去策动革命。徐锡麟去安庆是因为捐了一个后补道官衔。在徐锡麟捐官时因为钱不够，秋瑾把宝剑和首饰都拿了出来凑上。但仍不足，后由裘吉生向一位广东人捐了一笔钱才始凑足。在徐锡麟去安庆前夕，曾集二十八人于禹陵，先是赋有七绝一首："黄河源溯浙江潮，卫我中华汉族豪，莫使满胡留片甲，轩辕神胄是天骄。"遂以此二十八字为镌字指戒二十八枚，人各一枚，集则成诗，以为表记。徐还赠各人手枪一支，慷慨而别，不啻易水之歌。

裘吉生曾多次跟门人谈起：秋瑾豪饮，酒后舞剑，慷慨而歌，雄健豪迈，胜过男子。秋瑾被捕后，当时几位结盟兄弟还曾准备劫法场。因大通学堂学生均已走散，王金发组织的革命义勇军又来不及集合。秋瑾被捕后不到三天即被害，因此劫法场的计划未能实现，极为遗憾。临刑时秋瑾面不改色，围观者无不掩面而泣。秋瑾蒙难后，裘吉生夫人陈涵跟其他几位秋瑾生前女友一起将尸体收殓并安葬于卧龙山麓（后迁杭州西泠桥西）。回首革命往事，裘吉生常很激动，感慨万千。辛亥革命后，每逢清明节，裘吉生还常率众公祭徐、秋两烈士。

裘吉生早年从事革命事迹知者已鲜，但在许钦文所著《鲁迅和陶元庆》一文中，提到鲁迅先生有二次述及裘吉生。鲁迅当时跟许钦文说："裘吉生，我知道，他在绍兴光复时好像也做了点什么，做医生是他后来的事。听说他还在办什么医药报。……"可见老一辈从事革命者还能忆及先生早年事迹。

（五）托迹奉天

1907年，徐锡麟、秋瑾相继被害后，绍兴府衙缉捕革命党人甚紧。当时被清廷通缉的有二十四人，裘吉生亦在通缉的黑名单上。先是孙德卿被拘。事急，裘吉生佯作无所为状，竟至绍兴府衙，以乡绅资格要求保释孙德卿。知府仓皇，不知所对，反以上宾礼迎送。裘吉生在归途中即他逸。为保存革命力量，避居上海。裘吉生所办的教育馆，因涉及政治，不久被知县查封。

在上海，裘吉生会着了大通学堂的革命同志，参加了同盟会的一些活动。

1908年初（夏历正月），裘吉生奉同盟会组织安排，与光复会会员俞英崖同去东北伪装从事洋务。初至辽阳，住在辽阳官署。后迁奉天（沈阳），住在兴仁胡同内。后与日本合作，设立“清和公司”。公司由俞英崖任总理，日本代理人原口文一任副理（原口文一对当时的中国革命事业比较同情和支持），裘吉生任襄理。他们在奉天兴办了电厂和煤矿。他们以办公司办实业为掩护，仍然联络革命同志，在东北继续发展民族革命。他们是通过兴办实业来为同盟会筹集活动资金。迨后东北光复，裘吉生实为主事人之一。

因为与日方合作，裘吉生有机会结识了一些日本知名人士，其中亦有医界人士。裘吉生委托他们在日本代购汉医书籍，获得了很多流入东瀛的祖国医药文献和日本出版的皇汉医药书籍，其中有不少秘本、抄本。

裘吉生在百忙中仍不遗余力，钻研医药学。不但在奉天继续行医，而且还在奉天设立了“仁济药局”。往来参客（采参、卖参的人）甚多。

后来，裘吉生又到铁岭发展，在铁岭办了电厂和煤矿。还创办了铁岭县电灯公司，以竟初志。裘吉生在铁岭开设了一爿中药店，规模很大，药肆内养有梅花鹿等。

1911年10月10日（宣统三年八月十九日）武昌起义爆发。11月5日（夏历九月十五日）杭州光复，汤寿潜任浙江都督。11月6日（夏历九月十六日）军政府绍兴分府成立，王金发任都督。

武昌起义之后，各省纷纷响应。东北的革命党人也群情振奋，张榕、蓝天蔚、吴景濂等革命党人秘密酝酿：拟由吴景濂以奉天省咨询局议长名义召集各界领导人开会，谋划夺权。时任奉天巡防营前路统领的张作霖从剿匪前线的洮南率兵赶回奉天，依附清廷旧势力和坚决反对革命的东三省总督赵尔巽，夺得了军事实权。继而狼狈为奸，杀害张榕，迫走蓝天蔚，疯狂追捕和镇压革命党人。

裘吉生先得俄人密报，并给一骏马，因而连夜单骑入关，始免于难。其眷属亦得日领事馆的帮助，于枪林弹雨中避难日本领事馆，后自海道进关内到达北京。

辛亥革命后，光复会会员王金发任绍兴分府都督（王金发在绍兴还创办了光华电灯公司）。后来袁世凯窃国，革命事业受挫。北京临时政府下令撤销各都督分府，并遣散分府所编部队。1912 年 7 月分府取消后，王金发居沪，有人劝王金发进京图谋他事。8 月间，王邀谢飞麟、姚勇忱、裘吉生至北京，呈请大总统暨陆军部，表示愿意出洋考察军事并调查实业，但未得明确答复。1912 年 10 月王金发偕谢飞麟、姚勇忱、裘吉生及谛闲法师在北京再次上书袁世凯条陈根本大计，长达数千言。对内政、外交、财政、军事等重大问题皆有涉及，但均未得重视。

在北京时，袁世凯嘱当时的内阁总理熊希龄委裘吉生以汉阳新关监督之任。用肥缺加以笼络，但裘吉生拂然不受。嗣后，裘吉生深感袁世凯倒行逆施的反动行径，并目睹官场的腐朽，表示誓不做官，愤归故乡，从此悬壶自隐。

（六）精湛医术

1914 年（民国三年）下半年，裘吉生回到绍兴。（裘吉生于民国五年所撰“罗谦甫治验案序”一文中说：“前年归里”）

裘吉生原居水澄巷口（今胜利路），回绍兴后在水澄巷口大木桥（新试前）挂牌行医。

裘吉生遵循“不为良相则为良医”的古训，专心行医。曾谓：“良医等于良相，治国原为治民。”

当时，裘吉生的藏书之多已为医家所共识。他在绍兴时已经购得很多中医药书籍。当年，绍兴人常去各地充任“幕府”，即当“师爷”。师爷是明、清两朝各级主官私聘的顾问，参与机密，襄理公务。绍兴是出师爷最多的地方，绍兴幕宾几乎遍布全国。裘吉生即委托这些游幕各省的绍兴同乡以重金购买中医药书籍，或委托抄寄各地书目再汇款陆续收购。后来裘吉生托迹奉天，又在奉天大量收购散在各地的中医药书籍，并从日本购得皇汉医药书籍。裘吉生藏书中有很多珍本、孤本、精钞本、先贤遗著等，额其书屋为“读有用书楼”，是说读书要致实用。

裘吉生好学爱读书，平日应诊之暇，手不释卷。他记忆力特强，但仍重读精读，决不浅尝即止。尝曰：“书不怕百读，只怕不读。”又曰：“读一书，得获一人之经验，多读书即获多人之经验。开卷有益，诚非虚语矣。”“人云学无止境，我云医学更无止境。”

裘吉生不但读书逾万卷，而且善读书。既不走马观花，亦不死啃牛角。别具慧眼，能抓重点，择其精华而记之。他曾告诫门生曰：“读古人书，必须知其章节，明其句读。知章节，可以提纲挈领。明句读，始知精神实质。非但原文须逐字推敲，即注释也不能忽视。”

裘吉生说：“读书最忌囫囵吞枣，不加推敲往往反为书误。所以古人有尽信书不如无书及读书不可死于句下之戒。盖

欲吾人读书必须望文生义、举一反三，读古经书尤不可不旁引博采，以资考证。”（《三三医书·素问校义》提要）

裘吉生博览群书，并不偏主一家，能兼集众长。在其重刊《伤暑全书》序文中说：“叶天士之温热，张凤逵之伤暑，喻嘉言之伤燥，吴又可之温疫，陈耕道之疫痧，陈平伯之风温，薛生白之湿热等皆有一得之见，以能羽翼仲景，皆有功于医学也。”平时仰慕叶天士先生，尝曰：“叶氏从十七师游，尽得所长，集众长以为长，是以独擅众长。”用以自砺。

裘吉生治学，尝谓：“立法务求古训，临床贵于变通。”又曰：“病万变，方亦万变。”因此能集各家之长灵活运用于临床。

裘吉生临证立方多出入于叶案（叶天士案），治疗温病间采薛吴而不拘泥，对儿妇科则倾心于五代之钱乙。

1916 年 8 月，孙中山先生来绍兴视察革命工作，并公祭徐锡麟、秋瑾、陶成章三烈士。孙先生来绍兴时民众列队欢迎。孙乘无幔藤轿，过利济桥，经裘家门首，见门前悬挂裘吉生悬壶招牌。至布业馆行所，乃差人相邀叙话。叙话间，适有随行的胡汉民先生不慎患了痢疾，上吐下泻，一时危急。裘吉生即为之诊治。但胡汉民对中医不甚了解，见裘吉生是中医，意似怀疑。裘吉生知其缺少信任，诊毕回家，立方代其配药。并煎好后装入玻璃瓶内，每次服一格，日服三次，一如西医药水，胡汉民才信服。经服用中药汤剂后，一宿而愈。孙中山先生在行所和裘吉生晤谈中曾相邀其从政，但裘吉生坚辞，认为为病患诊疗亦是革命贡献。孙中山先生乃书“救民疾苦”四字相赠。

（七）名医绍兴

不久，裘吉生在上大路上北海桥附近的假山弄口一座三间二楼的房子内开设了“绍兴裘氏医院”。裘氏医院大门朝北（偏东）。门前是车来人往、东西走向的大马路。过马路再往北，则是一条也是东西走向的有乌蓬船摇曳的河。

图 3－4　绍兴裘氏医院

裘吉生自从在北海桥开设了裘氏医院后，因为学验并长，疗效卓著，声闻遐迩。就诊病人门庭若市。“晓以至昏，曾无宁晷”，门前几至舟楫塞港，车马堵道。

裘吉生擅长治疗当时严重危害百姓健康的虚损（包括肺痨）和温病。

裘吉生创订了治肺痨五法。即：一、清肺宁嗽法；二、养阴止血法；三、育阴潜阳法；四、清养敛汗法；五、大剂滋补法。并提出："服甘寒百无一死，服苦寒百无一生。"强调滋养肺肾之阴。为了做到养阴而不碍胃，养阴之中常配伍鸡内金、怀山药等健脾醒胃药。并说："上损过中则不治""肺痨患者，大便干燥则易治，大便溏泄而胃弱少纳为难治。"注重脾胃，倡导培土生金法。忌用橘红、半夏，认为"橘红辛温发汗，半夏辛燥助火。"易伤肺液，易致出血。还禁用人参，认为"参性上提，使气上逆，反成喘咳。"裘吉生又说："若以无情之品治有情之病，本非易事。"除用滋阴补脾药品外常嘱患者加服血肉有情之品，如乌鸡、白鸭、甲鱼、淡菜、禽蛋、蜂蜜之类。

裘吉生治外感时证，从不重用大剂猛烈之品，终以轻扬解表清透清导为主。认为"外邪侵袭，如盗入室，宜开门驱之，不可闭户缉之，则格斗之余，家私尽毁矣。"对清导之见，以为肠部秽结，邪毒上升，往往发为高热，若得清导，肠内秽浊既去，诸症自能清解。常用陆氏润字丸，间或伴以晚蚕沙。咳嗽用药，宣肺与润肺界限分明，守法严谨。裘吉生治感证初起，既不失于辛凉之法，亦不偏执麻桂柴葛。盖南方偏温多湿，无北方之阴邪寒凝。邪在表卫虽偏于寒者不用麻黄桂枝之辛温以助邪热，偏于温者也不全用桑菊银翘辛凉以遏湿邪。每在桑菊银翘之中参以荆豉羌防，微汗解表以祛邪。曾谓："因寒而投辛凉，不医不剧；因热而投辛温，祸不旋踵。"

治温热病，裘吉生重视伤寒论与温病学说相结合。认为"南方无真伤寒，北方无假伤寒"。南方虽病寒而每多兼湿，北方虽病温而每多兼寒。春夏时期，气候暖和则更多温病。应因地因时制宜，故伤寒、温病无争论之必要。对于温病是否可汗？先生认为"汗为温邪在卫分之出路，外邪袭表，须从汗解。然汗泄过多，则能导致亡阳亡阴之变。盖既有不可汗之大戒，复有得汗始解之治法，临证者当知所变通。”“若见一分白苔，即为邪之未净，不可骤用攻补。盖白苔非风即湿，若攻之乃引邪入里，若补之则留邪不去。入里化热伤津，留邪酝酿成热。必待白苔去净，方可攻补。盖邪由表而入者必由表而出之。”又谓：“湿温病若见黄厚之苔，不论已燥未燥，凡便溏者为湿热积滞之邪未净，均可导下。盖燥苔乃伤津之证。苔润亦系湿蒸化热，虽未伤津而热象显，故两者均可导下存津，勿囿于湿温忌下之说。”故裘吉生有：“伤寒下不嫌迟，湿温下不嫌早”之论。通下常用陆氏润字丸。但既用下法，又配合宣透。治温病十分重视保护津液，主张“存得一分津液，便有一分生机。”

裘吉生治胃病以平肝和胃为主，但燥湿治疗不同。尝谓：“燥症之象乃木旺克土，致表现为胃疼；湿症则脾湿重，水泛土流，水土流失，发为胃胀不舒，不思饮食，治宜香燥。”裘吉生根据临诊经验总结创制了效果卓著的疏肝和胃散，对肝气犯胃之胃脘痛有一剂知，二剂已之显效。其方剂组成为制香附、甘松、沉香曲、九香虫、刺猬皮、延胡索、降香、瓦楞子、黄连、吴茱萸、生姜汁、甘蔗汁。

裘吉生治疗痢疾忌用柴胡、葛根等升提之品。认为痢疾初起伴有表证以清暑化湿，行气导滞为主。至痢下多次，腹痛剧烈宜改用润下导滞，凉血清肠。常用木香槟榔丸。

裘吉生治小儿泄泻，常用焦冬术、党参、茯苓、煨干葛、煨木香、断山药、焦鸡金、大枣、姜片。

裘吉生对药物升降之性，尤具心得，如治疗猩红热严禁用葛根、升麻等药，以其蔓生植物，性上延也。临床上常见误用而致口腔糜烂，中耳流脓，甚至死亡者甚多，足证先生之卓见。治白喉亦忌用表散，专以养阴清燥为治。

裘吉生还吸取岳母家传的经验，用灸治法治疗小儿腹泻和妇女病。尤其是灸治气海、关元、中极三穴治疗不育证极有效果，深得病人信赖。

裘吉生认为要继承发扬祖国医学，必须国医后继有人，薪尽火传，培育新进。因此在绍兴裘氏医院内收授门生，先后随先生习医的有陈抱一、叶复昌、叶浦生、沈慎斋、陈慎斋等二十余人。

当时绍兴尚盛行各种迷信神话。裘吉生认为必须破除迷信，反对巫医，才能倡导科学，行医救民。特撰“绍兴之医俗”一文，刊于《绍兴医药学报》。

裘吉生在诊务繁忙之际还有很多社会活动。几乎在所有的绍兴医界活动场所都可以看到他那魁伟的身影。裘吉生和胡宝书、何廉臣、曹炳章等同仁一起组建了神州医药学会绍兴分会。裘吉生先后任副会长、会长。除主持神州医药学会绍兴分会外还主编《绍兴医药学报》，主持当时绍兴地区中医学生的招收和考试事宜等。

红十字会绍兴分会所设的市医院聘请裘吉生为医员，定期去医院应诊。

1921 年，裘吉生会同何廉臣、周越铭两位同仁严格评阅当时开业医务人员考核试卷。并在考卷上分别加按语，还各自签名，以示各位先生对考卷内容的正确负责评价，以后还可将此刊诸于世。

杭州中医专门学校由傅嫩园创办后，还特请裘吉生为该校教师，有面授和函授的两种传授方式。

1920 年（民国九年），绍兴时疫流行，病死者众。鉴于：“时疫疾疠，苦此苍生，贫乏之家，每以无医无药或以医不得人因而不起。”目睹此状，裘吉生联络何廉臣、胡宝书、曹炳章等同仁跟绍兴县同善局联系，开展免费施诊施药。每日诊号甚多，相传："活人无数，在浙东传为佳话。"1921 年，施医局特选近两年施诊中效验显著的医案编刊了《医方汇选》一册，裘吉生的医方入选甚多。

1920 年 绍 兴 施 医 所 全 体 攝 影

后排：胡敬齋　章毓琛　何幼廉　余顯甫　朱閬仙　李养和　倪錦軒　胡思范　凌春生　張琴孙
前排：周越銘　王蘊如　王子珍　裘吉生　何廉臣　胡宝書　楊質安　吳丽生　曹炳章

图 3－5　绍兴施医所全体摄影（1920 年）

（八）绍兴医报

裘吉生认为提倡中医中药首宜流通，使固有之中医学术得以发扬。所以刚回绍兴即扩版发行《绍兴医药学报》。

《绍兴医药学报》始刊于 1908 年（光绪三十四年），由绍兴医药学研究社创办。绍兴医药学研究社组建于 1905 年（光绪三十一年），由何廉臣任社长，裘吉生任副社长。该社所办的《绍兴医药学报》自 1908 年（光绪三十四年）夏历五月三十日发行创刊第一号（即第一期）至 1911 年（宣统三年）第

44期后因“光复事起，国事蜩螗，暂行停版”。1914年裘吉生返回绍兴后联络同仁组建了神州医药会绍兴分会，并由该医药会名义发行《绍兴医药学报》（裘吉生兼任总编辑）。在扩版发行的首期（即总第45期，1915年7月1日出版）中申明：“每月刊行绍兴医药学报一册以继续前会四十四期之报，改为洋装订本，惟经济范围与前无涉。”当时学报编辑部设在城中油车弄内，学报发行部设在城中诸善弄口。

图3-6　《绍兴医药学报》

《绍兴医药学报》（月刊）编辑体例分为十门，即论文、学说、短评、问答、医案、杂著、医药界近闻、专件、古籍选刊、纪事细目。“论文”栏目主要刊载当时中医界名家的言论；“学说”栏目刊载中医界名家的著述；“医案”栏目登载名医的临证验案；“杂著”栏目多刊医家们的医话；“问答”栏目刊登各地医家或社友的往来信函；“医药界近闻”栏目刊载当时医界的事件或新闻；“专件”栏目是一些政府文告或学会简章之类；“古籍选刊”栏目则是特辟刊载既往未曾刊印问世的中医药古籍。

《绍兴医药学报》是我国最早的中医药杂志之一。学报宗旨为“于国医学之足以保存者则表彰之，于西医学之足以汇通者则进取之，于中西医学之各有短长者比勘而厘订之，共襄绵力，力谋进步。或亦社会卫生之一助，医学改良之嚆矢欤。”（《绍兴医药学报》发刊辞《绍兴医药学报》第一期，1908 年）学报所刊内容重在“研究中西医学及生理、病理、证治、方药以及卫生事宜、看护要则，与夫通俗简便疗法，靡广取博采，逐期刊列报章。”（《绍兴医药学报》第一期，1908 年）近代著名医家如张锡纯、张山雷、周小农、曹炳章、时逸人等都积极为该学报写稿。发行范围遍及省内外，以及海外日本。该学报的刊行对捍卫中医药事业、宣传中医药的科学性、交流学术思想、提高中医理论、探讨发展中医事业的途径都起了很大作用，在国内外均有过较大的影响。被海内外医学界誉为“医林导师”“医界晨星”。

裘吉生认为要发扬医学事业，必须打破“秘”字。他曾在亲自设计的一期《绍兴医药学报》封面上书一大“秘”字，一人手持大锤猛向秘字砸去。竭力主张和宣传打破中医守秘陋习。其后出版《三三医书》《三三医报》等均注明“准许翻印、版权所无”“欢迎转载”等。

裘吉生还主编了《绍兴医药学报星期增刊》和《大增刊》，以作为《绍兴医药学报》的补充。关于《星期增刊》的创办，裘吉生在该刊第一号启事中说明：“本社因月报（指《绍兴医药学报》）中限于篇幅，凡病家问症征方者日多，特发行增刊，俾不占月报中他栏地位，病家又能早日治疗。至同道研究学术、质疑问难，原亦在月报问答门登载，今亦移于《星期增刊》。”故而“拟自阳历九年（1920 年）起逢星期发行《星期增刊》一次，专载问答，兼关于病家看护及卫生并社友治验案及医药界新闻，以期消息灵捷。”（绍兴医药学报百期纪念增刊，1919 年）《星期增刊》开设有启事、要闻、小言、卫生谈、病家鉴、验案、杂录、学术研究、治疗顾问、家用便方、医事闲话、调查事件、近闻、广告等专栏。

《绍兴医药学报》社在奉天省城章福记书庄、直隶沧县春和堂药店、福州南台同仁药业公司都曾设立过特约经理处。

《绍兴医药学报》刊印发行至第 141 期止。因裘吉生迁移到杭州，该刊改名为《三三医报》在杭州继续发行。从 1908 年至 1923 年共刊印发行《绍兴医药学报》141 期，《星期增刊》158 期。（绍兴县另于 1924 年起编辑出版了《绍兴医药月报》。《绍兴医药月报》由杜同甲任总编辑，何廉臣任副总编辑，第一期于 1924 年 2 月 14 日出版。）

（九）绍版医书

裘吉生认为要复兴中医，亟需研究中医学术、出版流通中医书籍。裘吉生回绍兴不久，于1916年在“论提倡中医中药首宜流通书籍”一文中说：“中国之医药书籍，素有汗牛充栋之誉，其实能购得者几何？周秦之前之书籍无论矣，宋金元明之作，已无多种。有清一代，名贤辈出，著作等身。未刊者，秘于私家；已刊者，囿于一隅。先人手泽，尽湮于无形。后学者徒记诵其名词也，良可慨已。商务书馆出版界有言曰：‘学术之进化，随出版物而并行。学术愈进化，出版物亦愈易推广。反之，学术不进化，出版物亦因之而少，盖消行亦未易也。’吾国医药书籍之出版者，近二十年中，几无所闻，盖即学术不进化之明证。推原其故，即无人研究中医中药之学术。致有善本出版，购者亦无人焉。沪上书肆林立，架上独少医书，……著作者，绞脑耗心，脱稿即防覆瓿。发行者，纠金集本，出版旋须束阁。……相传秦火不焚医书，然则，学术提倡之乏人，而其书之不传，已甚于秦火也。……吾读总会发行之第三年第二期社报论文中陈君裕业之言，不禁窃叹其意见之当，有先得我心者。其言曰：‘保存国粹之道，无他，即为之设法流通而已，愈流通而保存之途愈广，盖流通者实保存之极端也’吾故赞成其说，而为提倡中医中药，首宜流通书籍。盖书籍本为传播学术之器具，无论古经新著，要皆各有心得，各有发明，欲谋一学术之存立于世界，而其传播学术之书籍，岂可不谋流通也哉。李东璧之《本草纲目》，一二醉心欧化之辈，无不斥其无据。不料去夏香港友人报告，其书已为美人尽译西文，流行他国，因之英美有推广采用中药之议。流通书籍之效，如是其大。东西各国，凡有一艺一术之发明，无不籍其印刷品之刊布流通者，职是故也。今中医中药，为固有之学术也，中医中药之书籍，为固有之书籍也。无待新发明、新刊布，而但求设法将固有者流通之。事半功倍之举，犹不能实践行之，则吾中医药界之能力，可不再言提倡矣。……”

裘吉生又说“吾国医学代有兴替，然数千年来赖以相继不绝如缕者，出版物耳。”（裘吉生“论历次各处医报停版之原因”1920年）“余因酷嗜医籍，凡闻有先贤遗稿未曾刊行者，则转辗设法谋所以流传之，虽短简残编亦不敢责备求全，亟亟付印，以供同好，俾不湮没。”（《国医百家》跋，1920年）

为弘扬中医中药事业，裘吉生以流通书籍为己任，成立了“流通医药书籍有限公司”。他曾在《绍兴医药学报》上刊载启示：“海内外藏书家鉴：我国医书汗牛充栋，各家藏刻流通者少，致日久归于淹没。此岂先人著作时初愿所及耶？本社竭力求凡藏有各种医药书籍搜者务祈开明书目卷数版本等示知，本社当出重资相求并可代为流传发行。”据不完全统计，在绍兴期间，裘吉生克服种种困难，先后出版了国医百家八种，鲟溪医述十五种，医药丛书四集二十二种，医学杂著三集。还有医士道、医话集腋等专集多种。

裘吉生既以刊印书报、弘扬中医药事业为己任，经历年实践深感绍兴的印刷发行条件受限。他在“创刊三三医书琐谈”一文中说：“印书刻书之困难尤有一因，为盖绍兴承印书籍之稍完全者祇一家，刻书之工且凤毛麟角也。刻丛书一集计三百余页须三年，主其事者力疲，四方之盼望者责备交至，迁杭之举遂决。”（《三三医报》第一卷第二十七期）

裘吉生携家眷于1923年夏迁移杭州发展。原“绍兴裘氏医院”交门生沈慎斋继续行业。

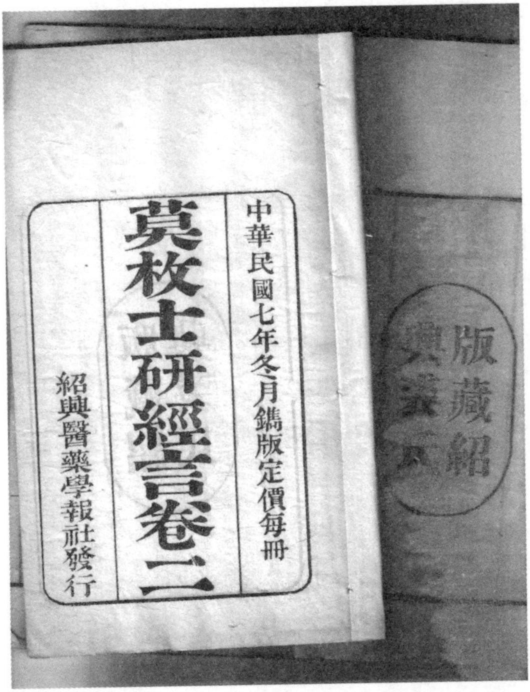

图 3－7　绍兴医药学报社刊行的中医古籍之一

（十）三三医院

裘吉生遵古训："医者须读三世之书，求三年之艾，方能三折其肱。"故以"三三"定名。而且觉得"以地方名称为报名反多界限"。所以迁移杭州后即创设"三三医院"、组建"三三医社"、出版《三三医报》。

此时，裘吉生刚到知天命的年龄。他头发乌黑，前额高昂，双颊红润，短而浓密的眉毛，炯炯有神的眼睛，鼻梁耸起，两耳颀长，身材魁梧，步履矫健。

裘吉生迁杭后即在城隍山麓十五奎巷底四牌楼 39 号开设

了三三医院。医院坐北朝南，门为石库门。进院门，在前厅悬挂有紫红色匾，上为“救民疾苦”题字，下方有孙中山先生具名。医院后半部在小花园后有病房十余间，病床三十余张。病房建于吴山之麓，周围棕榈古樟，绿草如茵，空气清新，环境幽静，适于四方远来病家住宿养病。对于住院病人中不少来自农村的贫苦百姓，收费极为低廉。为方便大众还为病人代煎中药。医院内医生情况，裘吉生兼任中西医内科医师，汤士彦任中内科医师，王心原任西内科医师，虞祥麟任伤科医师，郭競志任牙科医师。

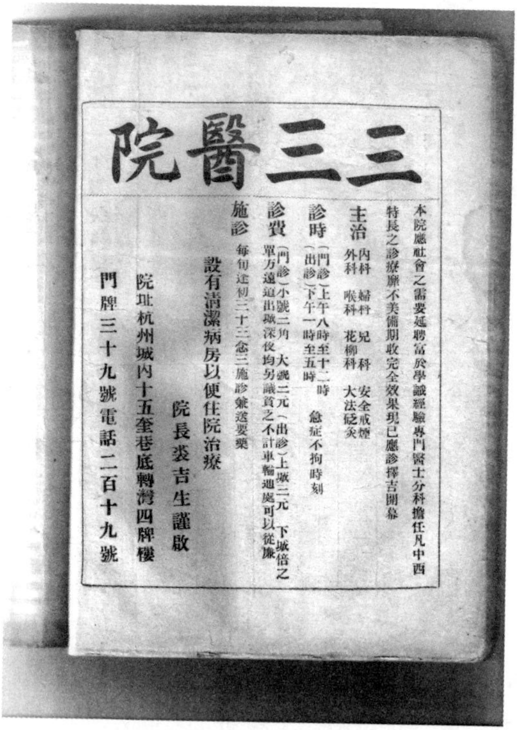

三三醫院

本院應社會之需要延聘富於學識經驗專門醫士分科擔任凡中西特長之診療靡不美備期收完全效果現已應診擇吉開幕

主治　內科　婦科　兒科　安全戒煙
　　　外科　喉科　花柳科　大法砭灸

診時　（門診）上午八時至十二時　急症不拘時刻
　　　（出診）下午一時至五時

診費　（門診）小號二角　大號二元（出診）上城三元　下城倍之
　　　單方遠道出城深夜均另議貧之不計車輪遍處可以從廉

施診　每旬逢初二十二念二施診兼送要藥

設有清潔病房以便住院治療

院長裘吉生謹啟

院址杭州城內十五奎巷底轉灣四牌樓
門牌三十九號電話二百十九號

图 3－8　刊于三三医报第一卷第一期的杭州四牌楼三三医院告示

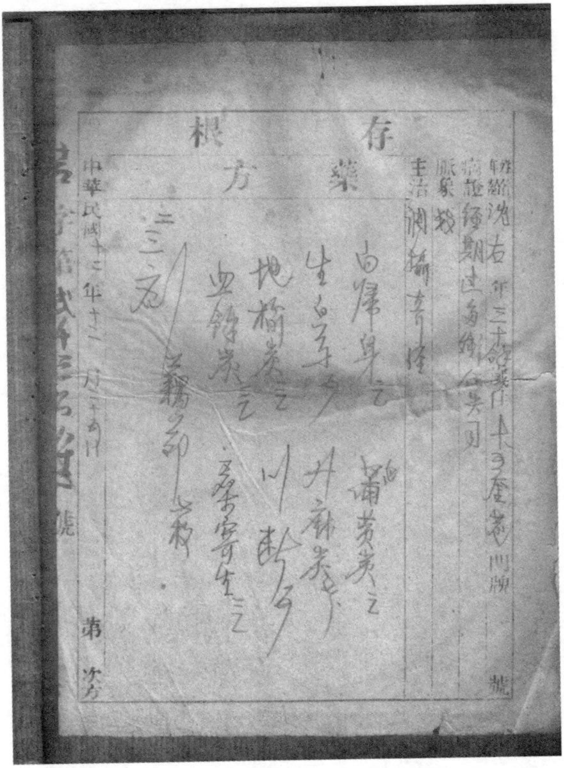

图 3－9　裘吉生处方真迹之一（四牌楼三三医院　1923 年）

为方便病人就诊，三三医院还在下城地区的两浙旅馆设立分诊所，有内外科医生于每日下午临诊。

为方便远地病家诊治及同道购阅书报起见，于 1928 年夏历四月起裘吉生在上海新闸路西首福康路厚福里一弄一家设立诊所。按夏历每旬后五日到沪临诊（每旬前五日仍在杭州三三医院临诊）。

为便利劳苦大众及城市贫民看病，裘吉生还担任多处施

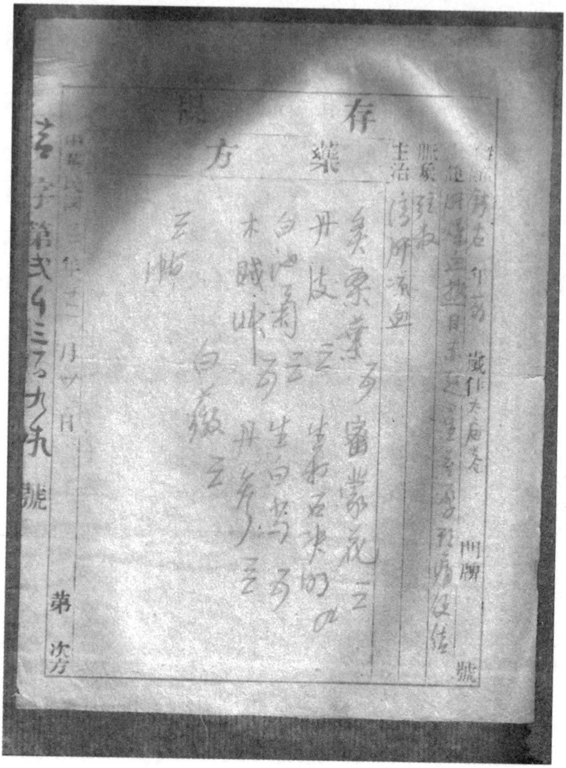

图 3－10　裘吉生处方真迹之二（四牌楼三三医院　1923 年）

医。如杭州市救济院施医所，江干候潮门乌龙庙的施医局等处担任施药。他不但积极参加，免费施医，而且拒绝接收按规定由施医局给他的来往车马费。

裘吉生还在杭州之江日报中担任副刊编辑，编有卫生半月刊等。

裘吉生曾大声疾呼：“中医犹老态龙钟之人，虽饱尝世故，然已步履跛踬，倘继后无人，必见淘汰。”所以广收门人。当时在四牌楼三三医院内随先生学习和临诊实习的学生就有十余人，有王士元、李雨田、徐鹏、吴诚、郑琴隐等。学生学习时间一般为三年。毕业时发给毕业证书，毕业证书上有三三医社社长裘吉生签名。裘吉生还办了函授教育，亲自编写了函授教材。先后通函教授者达千余人，有“桃李遍江南”之说。此外，裘吉生还应杭州中医专门学校之请兼职任教师，给在校学生上课授业。

裘吉生虽是中医，但很重视西医诊疗方法，强调中西医结合。常告诫门生：“行医以活人为主，病人宜于中者用中法，宜于西者用西法。”

裘吉生曾受卫生局委托，主持中医考试。包括出考题和担任主考人。

（十一）三三医报

裘吉生组建三三医社，有三三医社社章。三三医社宗旨为：“崇通医书，发行医报，设立医院，培植医才，联络医团，保存医粹。”三三医社在上海新闸路设有分社，分社在上海发行医书医报。

由三三医社具体负责出版发行《三三医报》和《三三医书》。

裘吉生在他创办发行的《三三医报》第一卷第一期中即刊出“三三医报大旨”：“一、本报以医者须读三世之书、求三年之艾方能三折其肱故以三三定名且以地方名称为报名反多界限。二、本报虽以一卷一期为始，然皆继承绍兴医药学报月刊十二卷一号及星刊一百五十八号及预备印行之医药卫生季刊而生。故宗旨仍以便于同道研究学术、病家顾问治疗暨发扬古学输入新智。三、……”在《三三医报》第一卷第一期上还刊有“裘吉生启事”:“……在绍时结束前事于兹八年中刻书刊报垫款虽至三千二百九十余金，仍不得不通告到杭继续办理之宣言以维信用……但一考数年中全国医药界情形，本相隔千里，今如晤对一堂，著作书籍之日以流通，学术研究之得以质疑，暨各省医团渐见增多，单张或订本报纸渐见出版，于兹八年中之牺牲并非全无价值。一言及此，勇气百倍，情愿再以个人之金钱精力为我全国医界摇旗呐喊也。”

《三三医报》为旬刊。每月 3、13、23 日出版，逢夏历七月停刊，全年共三十三期。开设栏目有言论、学说、通讯、杂纂、专著、医药界消息、社友俱乐部等。“言论”栏目刊登中医界的言论和学术焦点，反映当时医家们对中西医的不同认识以及对如何发展中医的不同看法；“学说”栏目刊载当时医家对医学理论和临证实践的探讨；“通讯”栏目登载各地医家或社友的往来信函，多是医家们针对临证疑难问题的互相问答；“杂纂”栏目登载医家们的医话、杂论、序跋等；“专著”栏目专门登载名医著述；“医药界消息”栏目刊载当时医药界的事件和新闻，涉及医会成立、报刊发行、政府文告等等；“社友俱乐部”则是各地社友于研究医药余暇相互唱和之句并小品文字，又称医林闲话或杏林谐薮。

1923 年（民国十二年）夏历五月三日《三三医报》第一卷第一期出版，至 1929 年（民国十八年）第四卷第三十三期出版，共发行了《三三医报》132 期。《三三医报》是当时各地医家与医药社团言论公开的刊物。前后为该刊撰著者为全国名家有三百余人之多，如著名医家张锡纯、张山雷、周小农、张赞臣、曹炳章、何廉臣、秦伯未、时逸人、沈仲圭、汤士彦等。

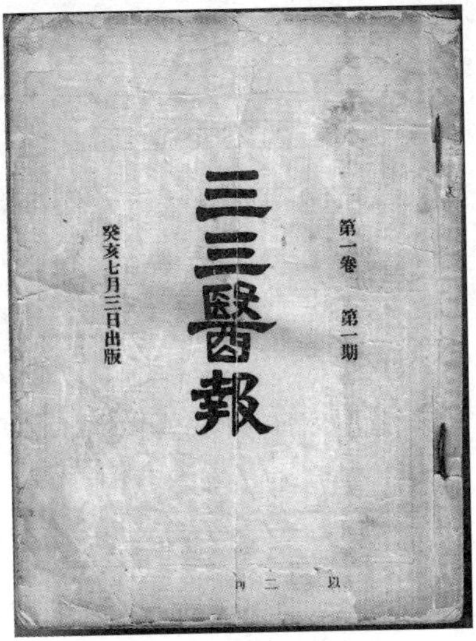

图 3－11　《三三医报》

（十二）三三医书

裘吉生以流通医药书籍为己任，因此迁杭后立即着手自资出版医药书籍。从 1923 年至 1924 年校刊、出版、发行了医药丛书——《三三医书》。《三三医书》共三集，每集三十三种，合计九十九种。每种书前都有编者撰写的“提要”便于读者对于作者和该种书的内容中心有简要而提纲式的了解。《三三医书》内容包括医经、临床各科、针灸、本草、方书、医案、医活、医论等。

图 3 - 12　《三三医书》（1924 年）

裘吉生说："医之为道，贵乎实验"。选辑珍本，"不以大部凑集众说之书为重，恒谓单本小册之著作往往出自心得，多有发明之处。如外科王洪绪《全生集》、内症王清任《医林改错》等，立论不多，要皆独具创见，尤以所载方法无不历经试验，遂有不屈不挠之学说垂示于人。"（《三三医书·医中一得》提要）。故而裘吉生说："中医之有发明，辄在小部书籍。"（《三三医书·绘残篇》提要）。"中医书难读者，在博大无垠。学者致有望洋生叹之感，本社故多采提要钩元之辑要书籍，俾开学医之门径。"（《三三医书·医学辑要》补白）。《三三医书》选辑宋、元、明、清中医著作，大多篇幅短小、注重实用、简验方便，且多有家传秘本，疗效独特。

裘吉生又说："吾国古时，越是急症，越有灵方。惜为医生口口相传，所谓传媳不传女，秘之秘之，以致失传。”（《三三医书·走马急痈真方》提要）。

后来，裘吉生又将家藏医书整理，择优编辑了《读有用书楼医书选刊》三十三种，《寿世医书》十三种，《医药丛书》六种，《裘氏家刻木版医书》十七种等，至1929年底已出版医书六百余种。

裘吉生复感世之藏书未能普及，于1930年将所藏医学善本五百余册，赠送杭州鼓楼流通图书馆以惠读者，图书馆曾在出版月刊上编辑《国医图书专号》以示纪念。

裘吉生还提出为整理古医学，“拟联合海内同心之友”先编三种要书。第一种是《中国医书考》，本书上起《本经》《素》《灵》，下逮时贤新著。编辑仿近世通行之列表法，分（1）撰著编辑者；（2）校刊及发行者附抄录；（3）卷数及册本；（4）纸张及版本；（5）内容门类；（6）考证；（7）集评。他耳目所及者已由门弟子编成不少，凡书名以笔画别先后，欲检何书一目了然。裘吉生编辑是书立意有年，故广搜博采极力罗致，“然终觉个人见闻有限，未敢率尔刊布，唯望海内同志惠寄亡版孤本，钞示藏书目录，俾是书早日出版。”第二种是《中国医方考》，此书上自内经数方，下讫贤哲专籍以及散见于各书者胥收辑之，务使轩岐以迄今兹所有之方咸包罗于一书之中。编辑仿辞源例，每字以笔画之多寡别次第之先后，各方之下仅注见某书某卷第几方，不复再列药名以省卷轶，其录自孤本秘籍者附载简要之主治药品。此书一出不但便于检查，即著作家与发行家亦可省无数之脑汁金钱。第三种《药物异名考》。本草异名甚多，著家与医学家多沿用之，以致每遇一药之异名虽多方考求仍不可得，若列异名于处方，药肆不知延误病机贻害尤巨。李氏纲目每品下载异名甚备，本书以此书为蓝本更益以多人之见闻，自可臻于美备。编法先以二字三字等区分为若干部，每部再以笔画之多少为先后荟萃成书检查甚便。“所愿四方博雅君子知有纲目未备之别名源源邮示俾可早日告成。”（见《三三医报》第一卷第二十八期）

1926 年裘吉生夫人陈涵因病去世。

1927 年裘吉生娶胡淑英为妻。胡淑英原籍南京，父母经营小本生意。有位王修清先生，为绍兴“幕府”，曾游幕辽宁、江苏等地，后主事税务。适居南京，与胡家相识。王修清夫妇喜胡女聪慧，收为义女。胡女八岁时随义父母迁居杭州，后来在王家长大。因同乡之谊，王、裘二家素有往来。在裘吉生鳏居后经王家撮合娶了胡淑英。婚后育五子。

图 3－13　裘吉生夫人胡淑英

（十三）抗争京沪

1929年2月“中央卫生委员会”第一次会议，开了五天会，通过了六个决议。这六个决议都贯穿了消灭中医的精神。第一个议案是通过了一个“医药教育大纲”，这个医药教育大纲是不包括中医在内的。第二个议案，“废止旧医以扫除医事卫生之障碍案”，是这次会议的中心议题。第三个议案是“分设新旧医药研究所”。第四个议案是“筹设国产药物研究所”。这两个议案是废中医，存中药的具体措施。第五个议案是“制订医师暂行条例”，在提案说明中明确规定，这个“条例”中所谓医师是指正式学校毕业之医师，中医不在其内。第六个议案是“请财政部迅速拨款筹设中央医院”。在讨论议案时，有人认为“废止旧医以扫除医事卫生之障碍”，标题太刺目。经一再讨论，将议题改为“规定旧医登记原则案”。所谓登记原则，即是原议案的办法：一、停办中医学校；二、禁止中医宣传；三、禁止中医招收学徒，虽世传也不例外。对现有中医限期办理一次总登记，以后即不再登记给照。这就是中央卫生委员、原提案人余云岫所吹嘘的“四十年消灭中医的计划”。从登记日起，四十年后中医就会自然趋于消灭。

余云岫、刘瑞恒、褚民谊、陈方之等人虽是该议案的积极策划和提出者，但是有复杂的背景。在中央卫生委员会会议以前，卫生部已经召开过一次全国卫生行政会议，参加的是省市卫生行政部门的主管人员。会议通过了有关中医中药的三个提案，即“中医登记年限案”“限制中医生及中药材之办法案”“设立中央研究所案”。与此同时，中华西医学会在上海召开了第六届大会，在大会上攻击中医，诋毁中医落后、迷信、不科学、妨害民族健康等等。会议并通过了一个决议案，呈请政府注销对中医学校的登记，限制中医开业。通过这两次会议，卫生部认为消灭中医的时机已经成熟，于是召开了所谓中央卫生委员会第一次会议，通过了限期废止中医的决议案。

“议案”在报上公布后，中医界大哗。裘吉生在医院说：“这种议案居然通过了，中央卫生行政最高机关竟做出这种歧视国医的决定，是可忍，孰不可忍?”他又说：“此乃关系国计民生的大事，不能不争，大家要团结起来，一致反对。”不数日，他即去上海联络中医药界同仁共商对策。

三月初，上海市中医协会发出通知，定于三月十七日在上海举行全国中医药团体代表大会。当时杭州赴沪代表有杭州市医学分会沈靖尘、李天球；杭州三三医社裘吉生；浙江省中医协会汤士彦、沈仲圭、刘瑶栽；杭州国药业公会俞锈章、方惠卿、方亦之；杭州药业职工会计叶滋芬等。

三月十七日假上海总商会召开了中医药团体代表大会。来自十五个省的医药代表二百六十二名，医药团体一百三十一个。会场座无虚席。大会主席团由陆仲安、随翰英、蔡济平、程调五、张梅庵等五人组成。各医团代表演说备述各省热烈提倡中医之情形及今后之方针。

裘吉生曾担任大会执行主席，在会上慷慨陈词，声泪俱下。并附和杭州药业职工会代表提议的以每年三月十七日为我中医药界生死存亡的纪念日。当时全场鼓掌，赞成以“三·一七”为中医药界大团结之纪念日。这就是“国医节”的由来。

大会全体代表主张即日赴京，向正在召开的国民党三中全会和国民政府举行大请愿，不达目的誓不回乡。当场推定和组织了决议案执行委员会，裘吉生是执行委员之一。大会还推选了赴京请愿团代表，裘吉生是请愿团代表之一。请愿团首先向国民党三中全会递交了请愿书，还向行政院、内政部、卫生部、教育部、立法院、监察院等递交了请愿书。

裘吉生当时患病初愈，因连日劳顿而体力不支，且值大雪严寒之际，但他仍抱病赴京积极参加请愿活动（住南京交通花园）。除请愿团集体活动外，裘吉生还以私人关系奔走活动，每天忙到深夜才回来休息。裘吉生让门生郑琴隐随行帮助做联络工作，此时由郑琴隐向国民党三中全会的秘书处打听了浙江籍代表及其住处。裘吉生分别晤见蔡元培（中央研究院院长）、胡汉民（立法院院长）、谭延闿（前国民政府主席、行政院院长）、王澂莹（国民政府文官处秘书）、宣铁吾（国民政府警卫团团长）、蒋梦麟（教育部部长）、邵元冲（立法院副院长）等人。宣铁吾、邵元冲、王澂莹也回访了裘吉生。裘吉生在会晤中阐明了中医中药对国计民生的重要意义，申述了捍卫中医事业的决心。期间还结合私人交谊，多方努力，为捍卫中医药事业做出了贡献。

在京请愿期间，适谭延闿患病，让请愿团派人诊治，此含有检验中医实效之意。请愿团代表一致推举裘吉生出面。裘吉生为谭氏诊病处方服用中药，一剂即愈，又一次为中医治病赢得了信誉。如近代医家陆渊雷在《珍本医书集成》陆序中说："诸代表咸推裘先生，先生为诊治，应手立愈。"

废止旧医案未能实行，除了全国中医药界群起反抗外，另一个原因是国民政府的内部矛盾。提出消灭中医议案的领衔人是余云岫（内政部卫生专门委员会委员、日本医科留学生），积极策划布置消灭中医的是刘瑞恒（卫生部政务次长、美国医科留学生、前协和医院院长）、陈方之（内政部卫生司司长、日本医科留学生）、褚民谊（国民党中央执行委员、前行政院秘书长，是营销西药商人，也是汪精卫和陈璧君的经纪人，办有“民谊药厂”“信谊药厂”“中西大药房”等等）。这些就是所谓的“医药革新派”，他们受到汪精卫（前国民政府主席）的支持。此外，中央卫生委员会还有若干名西医，如胡定安、黄子芳、金绍清、胡鸣基、俞凤宾等。而国民党的元老派，如于右任、居正、张继、彭养光、戴季陶、胡汉民、蔡元培、焦易堂、陈果夫、陈立夫等主张保存国医国药。由于国民党、国民政府的内部矛盾，在对待中医问题上的“新旧派之争”“医药革新派和元老派之争”始终起伏不断。

由于全国中医药界的不断斗争和社会舆论的支持，加上政府的内部矛盾，最后由国民政府主席蒋介石批复，国民政府向请愿团表示收回中央卫生委员会的决议，其后还通过了几个提倡国医的法案和办法。

（十四）尽瘁医事

“三·一七“抗争后，时任全国医药总会执委的裘吉生除呼吁中医同仁继续团结努力捍卫中医事业外，自己还多次写信给在南京的许静芝、蔡元培、王瀓莹等人，呼吁他们来支持中医事业。还亲笔写信给立法院院长胡汉民，请他在立法院中制定保障中医之法案。信长达千言，信内除抨击政府对中医的许多不合理限制外，还提出积极建议。如建议设立规模完整的国医医院；设立国医药学图书公司；设立国医大学及国医专门职业学校；设立国医国药科学研究所等等。为争取中医的权利，建议设立中央国医馆。信由已在国民政府文官处供职的郑琴隐送交。

1929 年冬，全国医药总会复召开了全国中医药团体临时代表大会。裘吉生又积极参加，并全面申述了自己的主张和各项建议。

1930 年冬，立法院通过了裘吉生提出的设立中央国医馆的建议。

1931 年 3 月 17 日“中央国医馆”正式成立。推裘吉生为理事。后来各省成立分馆，又推裘吉生兼任浙江分馆馆长。但裘吉生看穿了政府在敷衍国医界，中医仍然处于无实权、被压制的地位。而且也看不惯国医馆内有一些人以馆为官的现象，所以坚辞不就。每逢开会议事，常委托郑琴隐代表出席。裘吉生无意于官场，不辞辛劳，逆流勇进，仍将主要精力放在办好医院和刊行医书上。

1930 年，裘吉生将三三医院迁至湖滨将军路柳营巷口（住家迁至湖滨崇英里）。柳营巷口的三三医院是一幢欧式楼房。楼房大门面向东北。外有围墙与马路相隔。正对大门的二楼之上相当三楼处建有一多角形的亭子间，亭子间的外顶上还有一只铜仙鹤亭亭玉立。楼房的西侧和北侧是“公众运动场”（后来建为湖滨一公园），越过公众运动场便是西湖，因此亭子间是眺望西湖的好去处。从楼房大门向南是一排上下二层的房子，这就是三三医院的门诊室和病房。

图 3－14　杭州将军路柳营巷口三三医院

在三三医院内任职的医生除裘吉生兼中西内科外，还有西内科裘诗新、周福昌、徐祖鼎；妇产科汪静贞、杨素贞；中外科蒋伦元。还聘请了著名西医师王吉民、叶润石为顾问。医院内除设有内科病房外还设有产房。并有中西药房。医院为病人代煎中药。炮制和煎药方法都特别讲究。在炮制方面也有特色，如有的中药，裘吉生反对浸泡而打碎服用，能提高疗效。

1933 年夏，三三医院迁到开元路 46 号。医院坐北朝南。

走进石库门，是一个天井。天井东西两侧各有二层楼的厢房数间，天井正北面是大厅，也有上下二层。大厅后面还有一个小天井，内有一口井。此处兼了门诊和住家。医院内设有中西药房。裘吉生每天下午在开元路医院内门诊。每天上午要去庆春路上一家由诸暨人刘淡如开设的药店内坐堂行医。

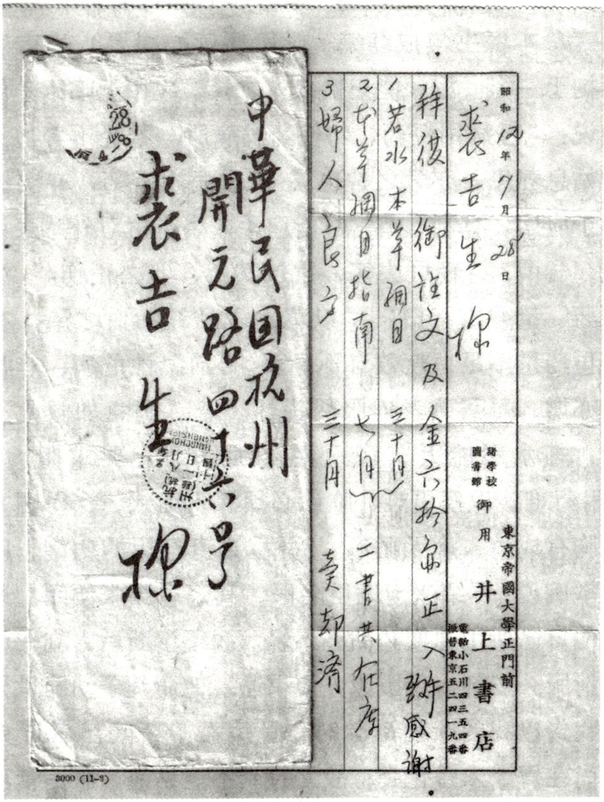

图 3－15　日本井上书店致居于杭州开元路 46 号的裘吉生函（1937 年）

这段时间先后收授的门生有徐志源、李震川、楼道明、蒙

如遇赤贫，还另赠药费。

裘吉生用药尽可能避免用参、桂、茸、麝等昂贵之品。即需用犀角、羚羊等药时，亦以黑木耳、大青叶、石膏等品代替。认为疗效可以相似，但减轻了病家负担。尤其对平民之家更应这样。裘吉生在三三医院时，每值上午到菜市桥附近的一家药店给平民免费诊病。为使平民患者也能服药治病，处方常常既对症治疗，疗效较好而又价格低廉。有时病者怀疑药资太廉不能疗病，裘吉生还亲视患者服药，待其病瘥而再告诫之。

为改进民众的卫生习俗，裘吉生还倡导在聚餐时用分食制或用公筷。并以身作则，裘吉生家中聚餐曾在较长时间使用公筷。他曾说："把一种食物各人合碗同吃，各人的口涎，由筷头上带到食物中，我的口涎你吃，你的口涎我吃，不要说有了传染病的口涎，很属容易害人，就是个个无病，想想也是难受。"

裘吉生认为医者疗病"充其量，每日亦不过医得百人。况顾彼失此，假如出诊他处，则诊所之病者即向隅，故有医为小道之俗言。若能医医，即各地医者均有学问而能治愈疾病，可以曰医为大道也。"因此裘吉生在绍兴医药丛书刊印中刊有《吴鞠通医医病书》《三三医书》中编入有《医医医》一书，专门教育医者如何更好地当个医生。

（十六）融洽中西

三三医院是当时全国为数不多的中西医联合医院。三三医院分别聘请中西医师十余人，一道从事临床，相互学习。遇重笃危症，中西医共同切磋，制定治疗方案，紧密配合，全力抢救病者。病人来三三医院就诊，中西医可以随便选择。中西医相互融洽无间，堪称中西汇通之医界楷模。

裘吉生在《学医方针》的讲演中大声疾呼：“中西医学宜冶于一炉”。他说：“学术文化，皆有融洽共同之趋势，医学岂有例外。各能取彼之长补我之短，其结果必冶于一炉。无所谓中也西也，然后得以名之曰新医学，亦得名之曰现代化医学。”

裘吉生批驳称西医为“新医”、称中医为“旧医”的错误提法。他在《中西医学评论初集》一文中说：“逐年转载于报章惊叹为新发明者实皆中国本草中早有发明。即如蛋黄素之能解毒则在唐代已有传信录之记载，特未加以推阐而已。”又说：“中国已早发明，当归为女科血分要药。而西医拿去提炼，亦知为女科血分要药。在中国发明已久曰旧，然西医虽加一度提炼，仍是因袭中医之旧，何可即以之曰新也。诸如此类者甚多，新旧之说焉能成立?”（《学医方针》）因此裘吉生认为：“中国人之通病辄在舍己从人，涉于迷信。因病求医，中西杂进，是直以身试药而已。以言试则自神农至今已经四千余年之尝试，比之新药流行未及一载已遍九州，宜不可与同日语焉。”（“中西医学评论初集”）

裘吉生在《绍兴医药学报大增刊》自序中说：“近来西医流入，别树一帜，遂发现中西医学竞争的世界。然习西医者，必斥中医，习中医者，必斥西医，各是其说而不溯厥根源。且知一不知二，见狭不见广，学术上固有窒碍，经验上亦鲜效果。……余希望吾国医家，不分疆域，不限种类，悉心研究，使古今中外学说融会而贯通之。非特病者幸福可期，而医者治疗方法不无进步也。”

裘吉生极力提倡中西医学学术文化交流。他说：“我是无门户之见之人，虽执行中医业务，向亦研究西医学术者。”他说：“全球各国，文字各有不同，而学术则无不相互为用。尤以医学，如欧美近年研究中医学术不遗余力，日本则医学原在中国留学而去，到明治采取西医而废中医，然自中国传去之针灸方法迄今保存。是以中医不敢兼学西医，与西医不屑兼学中医，同一浅见者之自锢其学术之进步也。”（《学医方针》）因此“学得西医，要在中国行医，中国学术与中药主治，亦应研究一二。”“在现时做中医者，亦须兼研西医。”（《学医方针》）

因此，裘吉生对西药的疗效研究极为重视。他曾经长时间试用拜耳药厂生产的“必克治贴膏”“罗氏大补药”等。还提出过改进意见，深得药厂重视，多次派人来三三医院联系，并不断送来样品试用。裘吉生在临诊中不断吸取当时较先进的国外医学杂志报道的经验。如在治疗中提出：“合用鸡金、怀山药，内含百布圣成份”是日本报导；“蒲黄炭和血余炭同用，内含特效杀灭结核菌成份”是德国报导等等。

由于裘吉生毫无门户之见，时人称之为：“一门岐黄，术贯中西。”

裘吉生说：“中医犹老态龙钟之人，虽饱尝世故，然已步履跛踬，行将就木。倘后继无人，必见淘汰。西医犹童年俊杰，英气迫人，虽进步一日千里，然发明尚少。”（《学医方针》）因此裘吉生将长子诗新进南洋医科大学学习西医，长女诗福从先生学习中医。

裘吉生本“中西医融洽一炉”的精神，在《学医方针》的讲演中提出了“现代化医学之具体法。”分别从生理卫生、解剖学、病理学、诊断学、药物学、治疗学等几个方面提出了中西学说融洽贯通的具体方法。虽然这是裘吉生的早年设想，至今看来仍然有其实际意义。如“病理学须中西合参：因西学病菌说从人之目力不得见者，加显微镜下得见之。然显微镜放大至某倍而止焉，岂知至某倍而外无再见之物矣。故中说七情六邪为疾病之因，亦不可厚非。因七情六邪远因也，菌者近因也。一即原因，一系诱因，所谓物必自腐而虫生者是也。”裘吉生在“《伏气解》序”中说：“夫艺术日新，科学尚矣，阴阳气化之道，东西医者几斥为虚诞。病理学中罗列致病之原半属有形之病菌，病菌为病必经若干日始见发生。其未发之时为潜伏期，而潜伏期之意义似与国医说之伏气同。惟伏气根据阴阳气化，病菌全凭机械（显微镜）检视。肤浅评之则国医说之浮泛不切为东西医者排斥也宜矣，虽然昔日目力不得发见之病气今日以器械或化学检得为病菌，无他，显微镜等能扩大气化为质点故也。但他日发明十百倍于今日之器械，今日所未得见而斥为虚诞者岂难得显而再为有形之质点耶。则今日之器械不亦与昔日之目力无异也。至时而阴阳气化之道始知非浮泛不切确有奥旨存乎其间。”

（十七）珍本集成

裘吉生深知要继承和发扬中医事业，必须精研医书。于是不惜重金，千方百计搜集医药古籍。尤其是孤本、精刻本、精钞本、批校本、稀有本、未刊稿等更是竭尽全力，务在必得。裘吉生曾说：“当时因搜求一书，有费时累年，费银四五百金者。要皆海内不可多得之书，其中土已佚者，往往从日本求得之。”（《珍本医书集成》凡例）“编者搜求医书四十余年，积三千数百种”、两万余册。并颜其藏书楼为“读有用书楼”，藏书盖有："读有用书楼藏书之章"及"绍兴裘氏"两印章。至抗日战争爆发前，裘吉生已是中国中医古籍最多的藏书家了。

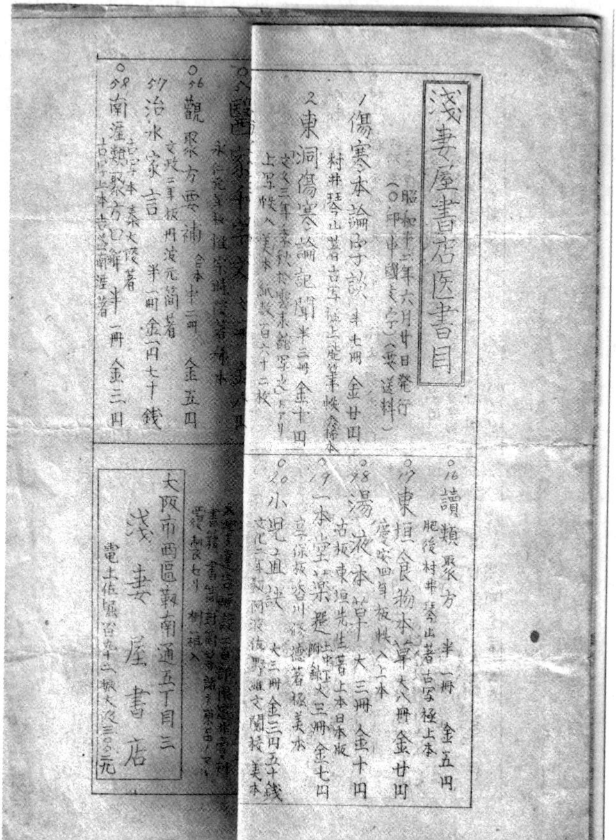

图 3－16　日本浅妻屋书店医书目

裘吉生孜孜矻矻、千方百计搜集中医药古籍，并非自珍自秘，更不是"自私其子孙"。他不惜自资、不辞辛劳大量刊印发行医书医报，目的在于复兴中医、抗争企图消灭中医的逆流。当时医家对此已是共识。如近代医家徐相任在《珍本医书集成》徐序中说："吉生状貌魁梧，头脑极清，老而弥健。所藏医书，甲于国中。复能不自私其子孙，以倡导学术发扬文化为已任。"近代医家秦伯未在《珍本医书集成》秦序中说："仆尝趋访于武林寓次，大屋十余间，盈室皆古今典籍，几无立足地。退而座谈，初沉默不欲语，既而侃侃不能抑。盖有志于医，而医人之外，且欲医医。复欲复兴整个中医于衰颓之中。"

我国医学已有数千年历史。代多名人，富有述作，古今医著，浩如烟海，终身读之，尤不能尽。而且载籍芜杂，条理不分，名目所指，内容难详。因此整理医籍，去芜存精，分别类目，刻不容缓。更且我国旧时医家，多守秘方，得一旧刻孤本或前人佚稿，便矜为世宝，久而久之，孤本成为绝本，佚稿竟至亡稿。故凡孤本佚稿，刊印流通，不可或缓。鉴于此，他汇集医书，精心校勘整理，不惜自资将名著陆续刊印发行。

裘吉生整理古籍，深感珍本多有未尽刊布者，因此于藏书中选定九十种，辑成一集，名为《珍本医书集成》。

图 3－17　《珍本医书集成》（1936 年）

《珍本医书集成》乃精选各种必读名作，有医经类、本草类、脉学类、伤寒类、通治类、内科类、外科类、妇科类、儿科类、方书类、医案类、杂著类，合计十二类九十种。诸书都经过详细校勘厘正，并加句读。每种书的卷首皆列“内容提要”一篇，多为裘吉生手撰。每则虽一二百字，但钩元提要，概况无遗，且辩论精辟，考证审详，读之已可概全书精华，知其求舍。

《珍本医书集成》编纂和出版，进一步保存和流通了大量中医珍本古籍，使众多濒临亡佚的未刊名医书稿、抄本、孤本得以刊印和流传。

《珍本医书集成》编辑过程中特别重视所选医籍的版本价值。如《内经素问校义》一卷“是书以宋本《内经》为主，用元熊氏本、明道藏本及唐以前载籍勘正之，全元起、王太仆旧注之误，多所摘发。”（《珍本医书集成·内经素问校义》提要）又如《胎产新书》二十卷“系萧山竹林寺师师相传之秘本，与市上流传本及常见之传抄本完全不同。”（《珍本医书集成·胎产新书》提要）

《珍本医书集成》辑入了切于临证使用的简便实效专病专著，如《疑难急症简方》应用简便精湛验方，由绍兴名医辑刻；《湿温时疫治疗法》为绍兴中医学会同人精研湿温病辨证施治的稿本，颇切实用，世无传本。还辑有治疗瘴疟、霍乱、黑热病、鼠疫、麻疯等专病专著，以及《外科方外奇方》《伤科方书》《产孕集》《儿科醒》等皆可为各科准绳。

《珍本医书集成》辑录方书类医籍和名医大家的医论医话多种，所载皆临证实用方药或效验秘方或见闻心得。如裘吉生所言：“中医之疗疾有特效者，多在古方。盖古方之传自今日

已经若干人之试验也。故吾人欲发扬中医，必须多传古方，庶乎有济。”（《三三医书·鬼遗方》补白）

《珍本医书集成》卷帙浩繁，因此除裘吉生亲自主编外，相助整理校订的还有周毅人、董志仁、沈仲圭、谢诵穆、包元吉、蔡爕阳、汤士彦、蒋伦元、桂良溥、陆清洁、刘淡如、马星樵、李锦章、徐志源、裘韵初、裘吟五诸位医生。

《珍本医书集成》整理甫定，跟上海的世界书局经理沈知方相商出版。沈是文化商人，只知获利，提出苛刻条件，供稿后不仅不给稿费，还要求版权。但裘吉生为流通中医古籍，坦然付印。

1936 年，《珍本医书集成》由世界书局用仿宋字排印出版。国民政府主席林森为该书题写书名，中央国医馆代理事长、辛亥革命元老彭养光为该书题词，中央国医馆馆长、辛亥革命元老焦易堂为该书题词，近代医家、中华医学会首任会长、上海医学院院长颜福庆为该书题词，近代医家陆仲安、顾渭川、王仲奇、费子彬皆有题词，近代医家萧龙友、秦伯未、陆渊雷、徐相任、时逸人、周小农、张赞臣、邹趾痕、沈仲圭、曹炳章等为该书作序。该书的出版，诚如曹炳章所说：“平时不能寓目之古贤遗著及未刊秘籍，得复现于世界。”焦易堂热情颂曰：“本馆倡导国医，整理医籍，此种编刊实为最伟大之贡献。”

（十八）医书遭劫

《珍本医书集成》原计划将陆续出版三集。1937 年《珍本医书集成续编》交付世界书局出版。“续编”为九十九种。编首说明：“悉以罕见善本、仅存孤本、未刊稿本、精钞秘本四种为标准。”（《珍本医书集成续编》凡例）为便于传播，还决定“廉价发售，取值不及百分之一。”

同时付梓的还有《皇汉医学丛书续编》，本丛书也是由裘吉生主编。他认为：“吾国言医者多重演绎，而古时日本研究汉医反多用归纳，故尝有特知特见，为吾国所未及者。即吾国失传之古籍，经彼邦人士之校刊，亦有谨严不易之本。今从彼邦取归，为之刊布流传，亦学术界之急务也。”（《皇汉医学丛书续编》凡例）因此选日本研究汉医的名贵珍秘之本，尤适于实用者，分类重校并加句读。遇有日本原文则迻译校订，选集七十五种，送世界书局出版。《皇汉医学丛书续编》连同《珍本医书集成续编》共精装二十八本。

图 3－18　《珍本医书集成续编》和《皇汉医学丛书续编》（1937 年）

同时付版的还有《普济方全集》，又名《四库医家类全书》。普济方四百二十六卷原为清朝乾隆年间印行的《钦定四库全书》之一。鉴于“卷次重复，疑案难明，尤因未曾精校，间多脱行讹字。”（裘吉生“校勘普济方跋”1937 年）因此裘吉生为主，并得八十余人襄助，历时二百余日，经考证、校勘、去误后再编辑付版。

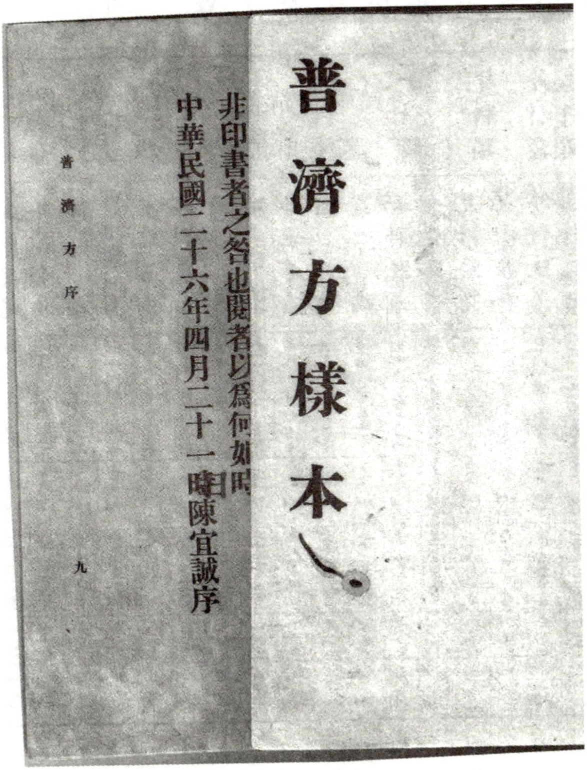

图 3－19 《普济方全集》样本

运，悉数劫往日本。此劫实是我国中医珍本古籍的极大损失。

（十九）浙东浙西

1937 年，七·七卢沟桥事变后，日本侵略者大肆侵华。平津相继沦陷，战火已烧到沪京，杭州也危在旦夕。裘吉生接到当时住在上海租界的四妹来信，邀他全家迁去上海租界避难。凭先生的医技和声望，在上海自然不难立足。但是裘吉生抱满腔爱国热忱，民族气节甚重，不愿做“顺民”，于是毅然决定携弱小家眷赴浙江农村。

年过花甲的裘吉生虽然已是两鬓花白，但他胸怀“烈士暮年，壮心不已”。自号“不老老人”，步履依然矫健，满腔热情地奔走在浙东浙西一带，行医救民疾苦，为处于水深火热的贫苦大众服务。

当时的浙江农村，老百姓很穷困，物资异常匮乏，温饱难以解决。加上日寇入侵，烧杀抢掠，无恶不作，更加使得民不聊生。疾病瘟疫也乘机浸淫泛滥。裘吉生在山乡发扬中医中药和针灸的特长为贫民治病，经常是少收费或不收费，尽力帮助贫苦大众摆脱困境。裘吉生还发动家眷加入治病的事业。夫人胡淑英学会用灸治法治疗妇女病。三子裘诗嘉遵父命去回春堂中药店当学徒，为贫民配制中药治病。长子裘诗新毕业于上海南洋医科大学。在抗战之初即赴江西、湖南等地从事抗日救护工作，先后任 79 兵站医院内科主任和 63 后方医院代院长。他由于早年曾从父学习中医中药，因此能中西医药结合创造出很多独特的有效治疗方法。

由于在抗日战争爆发前裘吉生已倾全部家蓄用于出版发行书报，所以到浙西时生活已濒于困难。虽赖诊务勉强维持，但目睹民不聊生的惨状，裘吉生情愿和百姓同甘共苦。在抗战期间，裘吉生及其家眷都忍受了饥寒交迫的生活。由于收入甚少，家眷中又童稚居多，生活十分贫困。吃饭难以为继，吃菜常靠附近农民和出身农家的门生给予支援。常常只能用番薯充饥，着破衣御寒。甚至到了家中六人合用一双布鞋，白天只能光着脚、入夜洗脚后轮流穿一下鞋上床的地步。为了维持生活，裘吉生的夫人胡淑英自己养猪、喂鸡来补贴家用。裘吉生的长孙裘启懋和二子裘诗烇，当时都年仅十三岁，就托人介绍先后去附近单位做抄写工作以得到数十斤大米的月薪方始得免饥饿和补贴家用。由于饮食和衣着不继，裘吉生的年幼儿子诗寿和孙子启园、孙女启柔就在这段时间先后不幸夭殇。

裘吉生虽在穷乡僻壤辗转为贫民治病，仍以极大的热忱传扬中医药。他曾说：“近年避居山乡，见任何角落都有中药店铺，感岐黄流泽之深，不可思议。”裘吉生医术高超，屡起垂危，求诊者接踵而至，“晓以至昏，曾无宁晷”。裘吉生诊治热病时证，常常一经诊治，服一帖药即能治愈。有口皆碑，相互传颂，称他为“裘一帖”。

国难当头，寇贼作乱，老百姓携孩避难者甚多。裘吉生将早年所知的“避难全婴方”传授民众，以求更多婴孩难中存活。避难全婴方为：“用绵作一小球，略使满口而不使闭其气，以甘草煎汤或甜物皆可炙之，临时缚置儿口中，使咽其味儿，口有物食之自不能作声，而绵软不伤儿口。盖不幸而遇祸难，啼声不止恐为贼所闻，弃之道旁。哀哉！用此法活人甚众，不可不知”。

裘吉生为培育后继，在颠沛流离的生活环境中还收授门生多人，有岑佩芬、邵冬亮、甘澍、鲁鼎福、蒋士英、洪绍元、陈之鼎等。还有当地医生慕名前来学习进修的。他还在诊所和居地多次举办中医学术讲座，听课者数十人。

裘吉生总结自己的多年临证经验和学术见解，撰写了肺病、白喉、痢疾、伤寒等内科疾病的症状及其治疗方法。各病证分述了症状、病程、药方、病家宜忌、方考、药义、临证须知、验案纪要、民间便方（单方选录）、辟谬、古方诠释等项。

裘吉生平素善诗、书、画。精于吟诗，对书和画有较高的鉴赏能力。与龙游籍画家余绍宋多有往来。

抗战八年间，裘吉生举家十余人经诸暨、绍兴、龙游、寿昌等地，移址十余处。具体时间和地点是：

1937 年 8 月，裘吉生举家迁至市郊回龙庙，暂住友人赵止在先生家。不久，沪战爆发，杭州危急。应友人金在冶相邀，10 月迁到诸暨县蓝田头金家。12 月杭州沦陷。年底，举家迁至绍兴县东乡车家浦村（今属上虞县啸唫乡）。车家浦是裘吉生岳家，岳父母虽已去世，还有妻舅在。

在绍兴妻舅家住了二个月后，于 1938 年 2 月裘吉生举家应邀迁到绍兴县孙端镇。到孙端镇是住在同盟会老会员、挚友孙德卿家。此时孙德卿已去世，其子孙庆麟主事（时任镇长）。裘吉生及家眷住在孙端上亭公园九间头，并在公园内北庄设立“仁济医局”，为当地民众治病，历时二年半（见图 3－21：绍兴县孙端上亭公园示意图。该图系孙德卿的堂叔孙光祖回忆绘制、并由孙德卿的长孙孙伟增补修改。）。在孙端行医时收授了手指有残的女孩岑佩芬为门生，并认作义女。

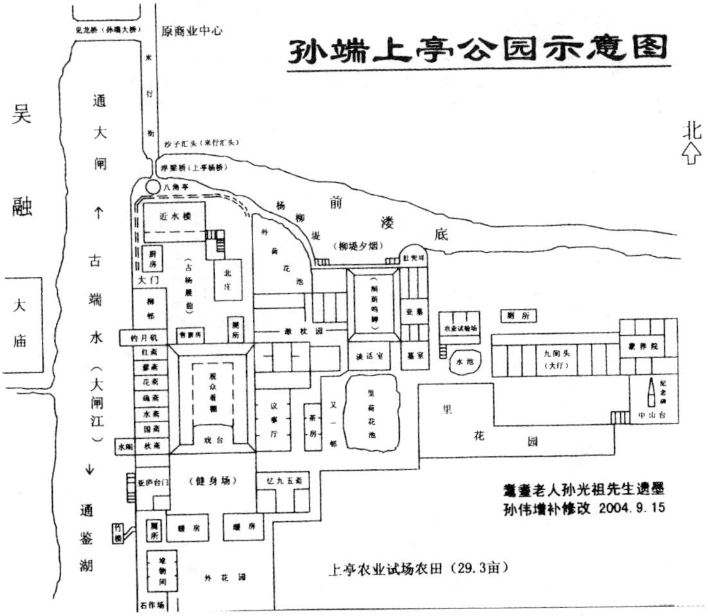

图 3－21　绍兴县孙端上亭公园示意图

1940 年 1 月，占驻杭州的日军侵入萧山。不久，日机空袭绍兴城区。驻萧山的日军又不时流窜烧杀抢掠绍兴县的钱清、柯桥和诸暨县的店口、姚公埠等地，绍兴危急。其时，适有岑佩芬之父在龙游经营旅店。龙游地处浙西，缺医少药，因此岑家诚邀并力劝裘吉生去龙游行医。于是，是年夏季，举家迁至龙游县县城。先暂住在东阁桥下岑家有一月余。后来在龙游城内运动场东巷 11 号租了房子开设了诊所，为贫苦大众服务。因为劳累过度，在此处裘吉生胃出血，出现柏油样大便，后来虽然自己处方治疗止住了出血，但元气损伤，体力较前大为减退。

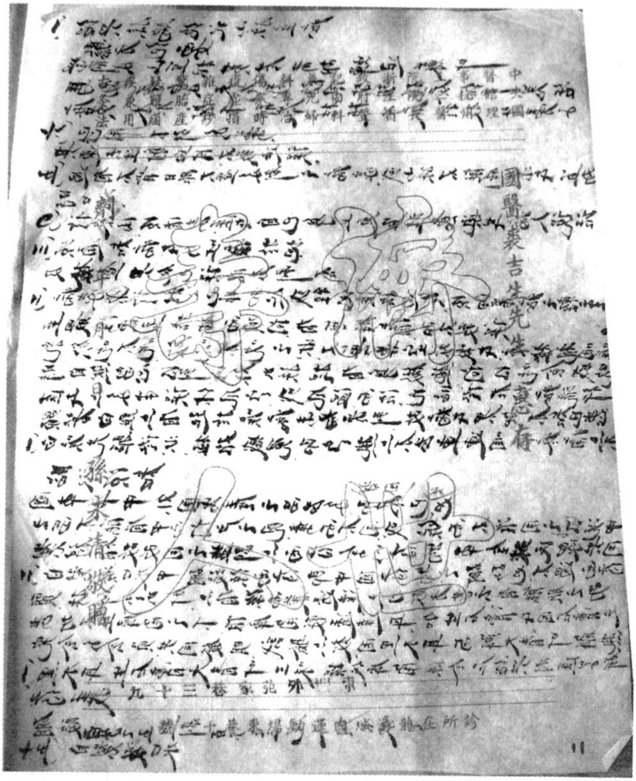

图 3－22　抗日战争时期在浙西龙游的裘氏诊所方笺

1941 年 5 月，日机轰炸龙游县城，裘吉生一家暂时避居农村。同年 6 月又迁回龙游县城，改居东门外范家巷 39 号（今名鸡鸣路）。在此设立了诊疗所，继续为民治病，还收授了门生多人。

1942 年 6 月，日寇侵占龙游。为避战乱，裘吉生举家离开龙游县城。先是迁到离县城八里的杨家。杨家是裘吉生的儿子和孙子就读小学的老师家里。在杨家暂住时，一次遇日本鬼子侵入该村，鬼子要裘吉生为他们去找“花姑娘”。裘吉生拒绝后遭鬼子毒打，头面额部皆被打伤，血流满面，健康状况受到很大影响。7月，避至龙游县最北面的石佛乡，暂居于石佛西北的“店园蒋”（今名西垣村）横坂头陈家（裘吉生门生陈之鼎的家）。此处仍遭日寇追赶，几经凶险，幸免于难。8月，避居寿昌县寺堪头乡毛家村。在这深山坳里虽然安全，但毛家村过于偏僻，不便于开展诊疗业务。10月，应邀转到寿昌县东村，住入靠近门生甘澍家的胡家，并在此应诊。

图3－23　1942年7月裘氏一家在龙游石佛横坂头的暂住处

1943年上半年，裘吉生举家迁到寿昌县航头乡溪沿村程家，在此设立了诊疗所。

1944年5月，由已认为义子的门生洪绍元介绍裘吉生携家眷迁到寿昌县大同镇，在此租房设了诊疗所为当地民众诊治疾病。

抗战岁月，裘吉生虽在山乡辗转，但仍密切关注战局发展。1945年春，得知日军已从浙赣线溃退，并已退出龙游。裘吉生举家迁回龙游县城，在城内“后高山”（今名祝家巷）

开设了自己的诊疗所。

1945 年夏，侵华日军被英勇的中国军队和中国人民击退。8 月 15 日，日本被迫宣布无条件投降。9 月 2 日，在东京湾“密苏里号”军舰上，日本政府代表正式签字无条件投降。9 月 3 日，这一天中国政府定为中国抗日战争胜利纪念日，这一天也是世界反法西斯战争胜利纪念日。得此消息，全民欢欣。锣鼓声、爆竹声响彻全城。裘吉生家中也放了鞭炮，庆祝这中国人民历尽八年艰辛、浴血奋战方始赢得的胜利。这也是中华民族近一百多年来反抗外国侵略的第一次真正的胜利。

1946 年 1 月，历尽八年多战乱浩劫的裘吉生一家终于沐浴着胜利的曙光回到了杭州。

（二十）积劳成疾

裘吉生已年逾古稀。在八年抗战中由于颠沛流离，饮食不继，辗转山乡，积劳成疾，患了肠胃病。加上抗战岁月中被日寇打伤，身体大不如前了。

图 3 – 24　晚年的裘吉生

裘吉生值此暮年，还是志在发扬中医事业。重返杭州，得知自己一生辛劳，竭尽全力所蒐集的二万余册中医药典籍已经被劫一空，连已经出版的珍本医书集成多部和已经付梓的珍本医书集成续编、皇汉医药丛书续编也毁于战火之中，不禁痛心疾首，五内俱焚。但是裘吉生仍希望为胜利后的中国繁荣富强作最后的贡献。迁回杭州时由于一时无力解决住房问题，暂时借居于劳动路159号王家（裘吉生夫人胡淑英的义父母家）。限于条件，将借住处的“堂前”暂作行医诊所。连诊所需用的桌椅板凳均系临时借来使用。就在这个简陋的借住处，裘吉生抱病编写了《三三医社讲义》多种。有《学医方针》《药物学初阶便读》《诊断学》等。讲义深入浅出，便于学医者阅读领会。裘吉生说：“近年避难山乡，见任何角落都有中药店铺，感岐黄流泽之深，不可思议。惜医才无继起之人，仍不免有自然消灭之一日。遂老犹童心，鼓起余勇，将原有实习班及遥从部，扩充学额，添招新生，以现代化并速成法，编就各科讲义，尽心教授，俾有志学医者，无求学无门之叹也。”（《学医方针》）

裘製毓麟膏
專治女科百病、如室女經閉、婦人不孕、臨經腹痛、赤白帶下、月事趕前落後、血色不正、受孕後常患流產小產、以及產後潮熱、子宮不收、或一切癥癥塊痛、黃瘦虛癆、此係唐代宮中祕方、爲東鄰所傳、屢試屢驗、如有慈善家願修合施送、可向本醫師抄錄方底、委代修合者、卌三個起碼、先行登記、待本醫師修合時、一併照臨時藥一總數分派、現定每個藥本三千三百元、外埠函購加郵費價成、多還少補、藥價漲跌、隨時增減、印有私章以防仿冒
用法、經帶產後、均貼臍下、虛癆黃瘦、貼兩肩後、灘癥塊痛、貼患處、不必更換、至效爲度、
中央國醫館理事、歷任紹縣醫學會會長、杭州中醫協會執行委員、三三醫院院長、浙江省政府登記浙中字四百三○號、內科兼兒科婦科、中醫師裘吉生識
地址、杭州市勞働路、一百五十九號、遠道可以通信研究、一切男婦大小疑難雜症並得來杭住醫、
二○

图3－25　裘制毓麟膏（杭州劳动路159号　1946年）

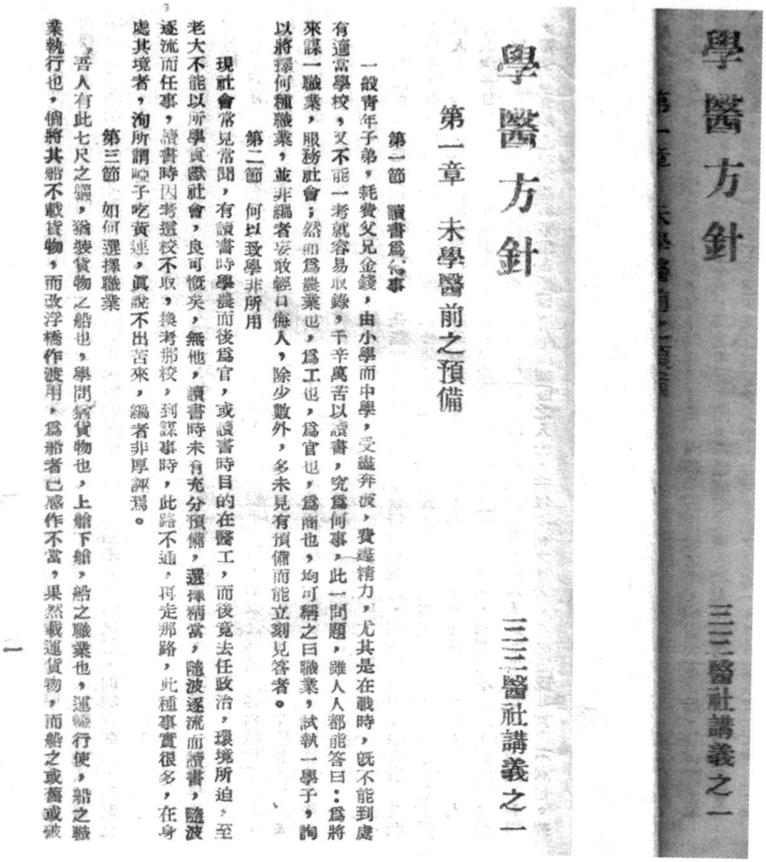

學醫方針

三三醫社講義之一

第一章 未學醫前之預備

第一節 讀書爲何事

一般青年子弟，耗費父兄金錢，由小學而中學，受盡奔波，費盡精力，尤其是在戰時，既不能到處有適當學校，又不能一考就容易取錄，千辛萬苦以讀書，究爲何事，此一問題，雖人人都能答曰：爲將來謀一職業，服務社會；然而爲農業也，爲工也，爲官也，爲商也，均可稱之曰職業，試執一學子，詢以將擇何種職業，並非編者妄敢輕口侮人，除少數外，多未見有預備而能立刻見答者。

第二節 何以致學非所用

現社會常見常聞，有讀書時學農而後爲官，或讀書時目的在醫工，而後竟去任政治，環境所迫，至老大不能以所學貢獻社會，良可慨矣，無他，讀書時未有充分預備，選擇稍當，隨波逐流而讀書，隨波逐流而任事，讀書時因考這校不取，換考那校，到謀事時，此路不通，再走那路，此種事實很多，在身處其境者，洵所謂啞子吃黃連，眞說不出苦來，編者非厚評焉。

第三節 如何選擇職業

吾人有此七尺之軀，猶裝貨物之船也，學問猶貨物也，上船下船，船之職業也，運輸行使，船之職業執行也，倘將其船不載貨物，而改浮橋作渡用，爲船者已感作不當，果然載運貨物，而船之或舊或破

一

图 3 - 26　三三医社讲义之一《学医方针》(1946 年)

图 3－27 三三医社讲义之二《药物学初阶便读》（1946 年）

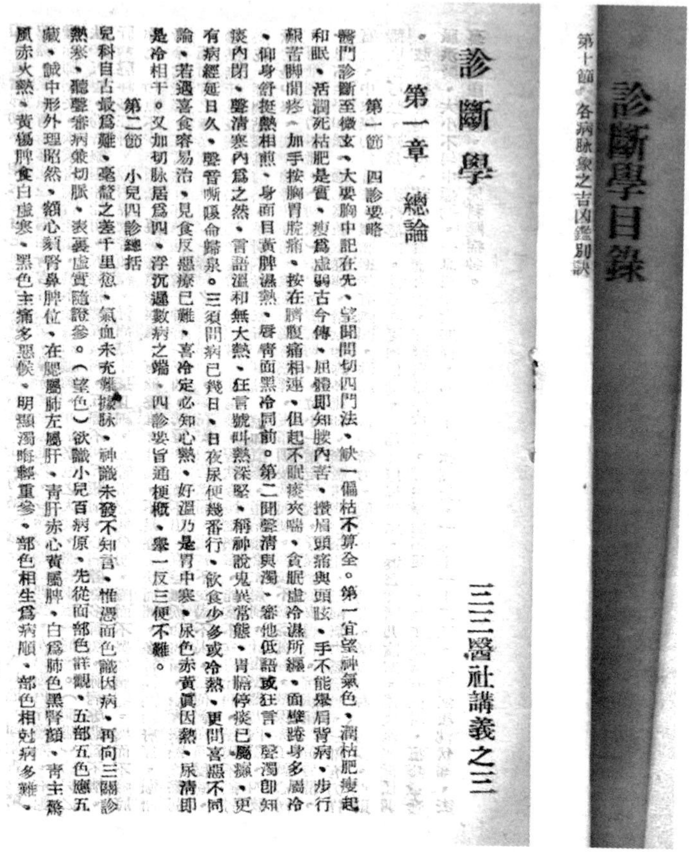
診斷學目錄

第十篇 各病脈象之吉凶鑑別訣

診斷學　三三醫社講義之三

第一章　總論

第一節　四診要略

醫門診斷至微玄，大要胸中記在先，望聞問切四門法，缺一偏枯不算全。第一宜望神氣色，潤枯肥瘦起和眠，活潤死枯肥是實，瘦爲虛弱古今傳，屈體即知腰內害，攢眉頭痛與頭眩，手不能舉肩背病，步行艱苦脚間疼，加手按胸胃脘痛，按在臍腹痛相連，但起不眠痰夾喘，貪眠虛冷濕所纏，面壁踡身多屬冷，仰身舒挺熱相煎，身面目黃脾濕熱，唇青面黑冷同前。第二聞聲清與濁，審他低語或狂言，聲濁即知痰內閉，聲清寒內爲之然，言語溫和無大熱，狂言號叫熱深堅，稱神說鬼異常態，胃臟停痰已屬顛，更有病經延日久，聲音嘶嗄命歸泉。三須問病已幾日，日夜尿便幾番行，欲食少多或冷熱，更問喜惡不同論，若遇喜食容易治，見食反惡療已難，喜冷定必知心熱，好溫乃是胃中寒，尿色赤黃眞因熱，尿清即是冷相干。又加切脈居爲四，浮沉遲數病之端，四診要旨通梗概，舉一反三便不難。

第二節　小兒四診總括

兒科自古最爲難，毫釐之差千里愆，氣血未充難據脈，神識未發不知言，惟憑面色識因病，再向三關診熱寒，聽聲審病兼切脈，表裏虛實隨證參。（望色）欲識小兒百病原，先從面部色詳觀，五部五色應五藏，誠中形外理昭然，額心頦腎鼻脾位，右腮屬肺左屬肝，青肝赤心黃屬脾，白爲肺色黑腎顏，青主驚風赤火熱，黃傷脾食白虛寒，黑色主痛多惡候，明顯濁晦輕重參，部色相生爲病順，部色相尅病多難，

三

图 3－28　三三医社讲义之三《诊断学》（1946 年）

生命到了总结的时候。一本治病救人的医学专著竟然写得光芒四射：“我们要不肯人云亦云，要做一番学术改革、文化革命之工作，必定有不明白之辈，起而反对或排斥。林肯解放黑奴，何等好事，尚且有人反对。耶稣劝人听教，结果钉死十字架。孔子讲学，厄于陈邦，都是前例。故我们既具此改革医

学之决心，须有大无畏精神，去奋斗，任何……障碍，终应扫除。”裘吉生在《学医方针》中提出了自己“考虑五十余年”的主张，系统讲解了学医前的准备、实现现代化医学的方法、医学改革的必要、学医的具体途径。阐述了毕业后如何才能做个好医生，包括重视医德、中西医结合、灵活治疗疾病、诊余社会活动等等。

裘吉生总结自己的五十余年临床经验和学术见解，撰写了《女科治疗学》和《儿科治疗学》。女科分四门四十九种病，儿科分八门五十九种病。二科共一百零八种病。每种病皆分列原因、症状、治法、药方、加减法、临证活法例、预后、摄养及禁忌、纠俗等九项。条目清楚、辨证精当，内容阐述、尤多灼见，格式体例、堪称新颖。尤其每种病例皆有“临证活法例”一节，具体列举古代或近代或裘吉生自己对该种疾病的灵活辨证施治实例，以为后学者参照和深入理解。每种病例所列“纠俗”一节意义也很深远，对民间的旧风俗、旧习惯以及荒诞不经之说和不科学的治疗方法予以纠正。

当时，裘吉生除了在劳动路居处应诊外，还定期去小学前89号的湖墅春和堂药店坐诊。他仍然希望尽自己的努力最大限度地为民众解除疾苦。

1946年下半年，裘吉生全家迁居藩司前桂林里12号。裘吉生在居所继续应诊，为来求诊的病人解除痛苦。同时，他也为自己疗病，与痼疾抗争，不但用中药治疗，还延请西医师会诊。

图 3－29　杭州桂林里

桂林里是杭州最早的出租公寓。在桂林里一弄，走完里弄，到最后一个居住单元就是裘家。走进朝南的石库门，有一个小天井。天井里有一棵结满一串串子的高大的绿叶树。这种树所结的子两侧有呈八字形的托瓣，整体看来形如元宝。孩子们都喜欢采来玩耍，可以粘贴在小脸和小手上。幼子裘诗庭也常常去采摘来玩。这种树称为枫杨树，又称元宝树。天井后面是一座二层二间的楼房，楼下有客厅，楼上是卧室。顶上还有一个水泥晒台，几个孩童常爬上晒台去玩。裘诗庭在当时虽尚年幼，但仍能回忆起自己在高大而苍老的父亲跟前绕膝细语的情景。父亲精神好的时候，会削了苹果，用那双宽厚的大手拉住自己的小手，去拿那一片片的苹果。半个多世纪过去了，童年的一幕，依然清晰地印在裘吉生的幼子心里。

此时裘吉生已是老态龙钟了，他头发花白，步履蹒跚。而且常常食欲不振，周身乏力。还时有腹痛腹泻折磨着他。

裘吉生的病，日见沉重。后来又突发肝脓疡，发热腹痛。虽经中西医两法治疗仍未见起色。渐渐地，他已不能进食，只是依靠注入液体维持。

最后，终因病入膏肓，裘吉生于 1947 年（民国三十六年）6 月 11 日晚病逝（弥留之际笔者在床侧陪侍）。享年七十五岁。同月，墓葬于杭州西湖赤山埠。

一代名医，驾鹤西去。早年，有人劝他为后人买田，他说："子孙贤，不用买田；子孙不贤，更不用买田。"有人劝他积钱，他说："子孙不如我，要钱作什么？子孙强过我，要钱作什么？"他确实没有留下田地房产，也没有留下金银珠宝。在笔者案首，他自己用过的一部《珍本医书集成》和一部《中国药学大辞典》就是他的全部遗产。但是，他的刻苦钻研、自学成才而成学习典范；他的肩负民族兴亡、誓志光复的浩气；他为了发扬光大中医事业不惜自资不辞辛劳大量刊印发行医书医报的决心和实践；他为了拯救中医事业不畏权贵、抱病奋战京沪的勇气；他不顾年迈体弱辗转穷乡僻壤行医救民疾苦的毅力；他不要官、不要钱、视名利如粪土的人生准则都是留给我们后人的取之不尽用之不竭的财富。

《中国医药研究月报》社社长汤士彦在《珍本医书集成续编》序中说："世固有怀大志孕奇才之士，论其抱负，足可以平天下之不平，振民族之未振，然及夫天下平矣，民族振矣，而能拂袖朝堂，洁身引退者，则我未之见焉。至谓既辞利禄，而复能不啸嗷烟霞，放情山水，以独善其身，独享其乐，而仍孜孜矻矻，以济人利物为怀者，则我更未之前闻焉。然而今竟有其人也，出乎我所未见未闻之外，是不可不谓为曙后孤星，足耀末俗者矣。伊何人？则吾界绍兴裘吉生先生是。”

中医同仁沈仲圭（后在北京中医研究院任职）在“悼裘吉生先生”一文中说：“先生出版之书虽多，但自己之著作，从不镌版。主编医报多年，发表之论文极鲜。先生非不善文，乃慎于下笔耳。周君复生，发行华西医药杂志，慕其人，函余征求小传，以便刊登。先生婉谢之，云：‘盖棺自有定论’。嗟夫，世风浇漓，竞尚虚名，如先生者，能有几人?!”

附一　裘吉生年谱

1873 年（清・同治十二年）　1 岁

6 月 22 日出生于浙江绍兴。

1880 年（清・光绪六年）　8 岁

进私塾读书。

1887 年（清・光绪十三年）　15 岁

去余姚学习铜器手工业。

1888 年（清・光绪十四年）　16 岁

回绍兴随父学钱业，进乾泰钱庄当学徒。

1890 年（清・光绪十六年）　18 岁

患肺痨病至三期，群医束手。购了《本草纲目》等医药书籍自学自疗。依靠中药和灸治所患肺痨病有了好转。开始为亲友诊治疾病。

娶妻陈涵。

1891 年（清·光绪十七年）　　　　19 岁

乾泰钱庄店员。

自疗肺病已痊愈。自学成了医生，并在居处绍兴城水澄巷口正式行医。

1897 年（清·光绪二十三年）　　　　25 岁

8 月，接办杭州大有利电灯公司，登报招股集资，委托上海信义洋行购办德国西门子发电设备。

1898 年（清·光绪二十四年）　　　　26 岁

杭州大有利电灯公司在葵巷营造厂房。4 月，建成后发电。

1899 年（清·光绪二十五年）　　　　27 岁

杭州大有利电灯公司因亏损、欠资、经营困难，由俞丹平接收。

1902 年（清·光绪二十八年）　　　　30 岁

热心民族革命，与秋瑾、蔡元培、陶成章等革命志士交往。

创办绍兴印刷厂。

1904 年（清·光绪三十年）　　　　32 岁

蔡元培、陶成章组织光复会。裘吉生由蔡元培、蔡元康兄弟介绍参加了光复会（后又加入同盟会）。

1905 年（清·光绪三十一年）　　　　33 岁

与秋瑾、徐锡麟、陶成章、王金发、孙德卿等密谋反清光复革命。

创办“教育馆”，宣传革命思想。

热心教育事业，任绍兴劝学所所长。

1906 年（清・光绪三十二年）　　　　　34 岁

绍兴医药研究社成立，由何廉臣任社长，裘吉生任副社长。医药研究社酝酿编辑《绍兴医药学报》。（“学报”于 1908 年正式出版）

秋瑾等建议设立绍兴学务公所。学务公所成立后由蔡元培任总理，裘吉生和杜海生任助理。

1907 年（清・光绪三十三年）　　　　　35 岁

1 月，秋瑾在上海创办《中国女报》。裘吉生所办的“教育馆”内设立《中国女报》绍兴特约代派处，负责宣传和发行。

7 月，革命起义失败，徐锡麟、秋瑾相继被害。裘吉生在通缉名单内，避居上海。

1908 年（清・光绪三十四年）　　　　　36 岁

年初，奉同盟会组织安排去东北从事洋务。至辽阳，住在辽阳官署。

1909 年（清・宣统元年）　　　　　37 岁

至奉天（沈阳），住兴仁胡同内。设立清和公司，由俞英崖任总理，日本代理人原口文一任副理，裘吉生任襄理。在奉天创办电厂和煤矿，通过兴办实业为同盟会筹集活动基金。

结识日本知名人士，委托代购汉医书籍和皇汉医药书籍。在奉天行医。在奉天设立“仁济药局”。

1910 年（清・宣统二年）　　　　　38 岁

到铁岭发展。主办铁岭电厂和煤矿。创办铁岭县电灯公司。在铁岭开设了一家规模较大的中药店，内养有梅花鹿等。

1911 年（清·宣统三年）　　　　39 岁

10 月 10 日（旧历八月十九日），武昌起义。11 月 5 日（旧历九月十五日），杭州光复，汤寿潜任浙江都督。11 月 6 日，军政府绍兴分府成立，王金发任都督。

1912 年（民国元年）　　　　40 岁

1 月 1 日南京临时政府成立，孙中山任临时大总统。

2 月 12 日清帝宣布退位。2 月 14 日孙中山向参议院提出辞呈。2 月 15 日参议院选袁世凯为临时大总统。

3 月 10 日袁世凯在北京宣布就任临时大总统。

4 月 1 日孙中山宣布解除大总统职。

张作霖在东北称兵作乱，疯狂追捕革命党人。裘吉生得俄人密报，连夜单骑入关至北京。

袁世凯的北京临时政府下令撤销各都督分府并遣散分府所编部队。

7 月，绍兴分府取消，王金发居沪。

8 月，王金发邀谢飞麟、姚勇忱、裘吉生至北京呈请大总统暨陆军部愿意出洋考察，未得答复。

10 月，王金发偕谢飞麟、姚勇忱、裘吉生及谛闲法师在北京上书袁世凯条陈根本大计，仍未得重视。

1913 年（民国二年）　　　　41 岁

袁世凯嘱当时的内阁总理熊希龄委裘吉生以汉阳新关监督，裘吉生拂然不受。

1914 年（民国三年）　　　　42 岁

返回绍兴，在大木桥挂牌行医。

1915 年（民国四年）　　　　43 岁

组织神州医药会绍兴分会，胡瀛峤任会长，裘吉生任副会长。并由该医药会名义继续刊印发行《绍兴医药学报》，裘吉生任总编辑，7 月 1 日首期出版。

刊印《星期增刊》。刊印《重刻存存斋医话稿》。撰写刊印《绍兴之医俗》。

1916 年（民国五年）　　44 岁

任神州医药会绍兴分会会长。编辑刊印《医士道》。

兼职任杭州中医专门学校教员。

8 月，孙中山先生莅绍凭吊辛亥革命先烈遗迹。邀裘吉生叙话，叙话间曾相邀从政，裘吉生婉辞。适随行的胡汉民患病，裘吉生为之诊治立愈。孙中山先生在临别时题“救民疾苦”四字相赠。

创办了北海桥“绍兴裘氏医院”

1918 年（民国七年）　　46 岁

刊印《医药丛书》二集十二种。

1919 年（民国八年）　　47 岁

重刻刊印清·叶霖著《伏气解》。

1920 年（民国九年）　　48 岁

刊印《国医百家》七种，《医药杂著》三集，《医药论文》三集。

绍兴县同善局大施医，“活人无数”。裘吉生为主要临诊医生之一。

1921 年（民国十年）　　49 岁

刊印《鲟溪医述》十五种，《医药丛书》三集。

绍兴县同善局再次大施医，裘吉生为主要临诊医生之一。同善局特选近两年施医中效验显著的医案编印了《绍兴县同善局医方汇选》。

1923 年（民国十二年）　　　　　　　51 岁

刊印《医话集腋》《古今医学评论》《杏林医苑》《医药丛书》第四集等。

夏，迁移至杭州四牌楼 39 号，开设“三三医院”。并创立“三三医社”，校勘筹编《三三医书》。将原编《绍兴医药学报》改名《三三医报》继续发行。《三三医报》第一期于 6 月 16 日出版。

1924 年（民国十三年）　　　　　　　52 岁

《三三医书》三集九十九种出版发行。

1926 年（民国十五年）　　　　　　　54 岁

夫人陈涵病故。

1927 年（民国十六年）　　　　　　　55 岁

刊印《读有用书楼医书选刊》第一种《温热类编》六卷。

娶妻胡淑英。

1928 年（民国十七年）　　　　　　　56 岁

在上海新闸路设立三三医院分诊所。

1929 年（民国十八年）　　　　　　　57 岁

2 月，“中央卫生委员会”通过了“废止旧医以扫除医事卫生之障碍案”等六个决议，企图限制和消灭中医。中医界群情激愤，于 3 月 17 日在上海召开全国中医药团体代表大会。裘吉生曾任大会执行主席，且是赴京请愿团代表之一。抱病赴京请愿，并晤见政府贵要，申述中医主张。由于中医界群起抗争，迫使政府放弃了废止中医的政策。

1930 年（民国十九年）　　　　　　　58 岁

立法院通过了裘吉生提出的设立中央国医馆的建议。

迁三三医院至湖滨将军路柳营巷口。同时迁住家至崇英里。

赠送杭州鼓楼流通图书馆以自藏医学善本五百余册，该图书馆特编辑《国医图书专号》以示纪念。

1931 年（民国二十年）　　59 岁

中央国医馆成立，推裘吉生为理事。

1932 年（民国二十一年）　　60 岁

迁住家至将军路柳营巷口三三医院内。

1933 年（民国二十二年）　　61 岁

夏，迁三三医院至开元路 46 号，下午在此应诊，上午去庆春路上一药店内坐堂行医。

1935 年（民国二十四年）　　63 岁

校勘珍本医书。

1936 年（民国二十五年）　　64 岁

《珍本医书集成》九十种由上海世界书局用仿宋字排印出版发行。

1937 年（民国二十六年）　　65 岁

校勘编辑《珍本医书集成续编》《皇汉医学丛书续编》《四库全书・普济方全集》《古今医书集成》，送上海世界书局排版。原定 11 月份发行，因沪战爆发未能印行。

7 月，卢沟桥事变后日寇入侵，抗日战争全面爆发。战火烧到上海，杭州危急，为应变战事，举家迁移。

8 月，迁至市郊回龙庙友人赵宅，中医典籍藏书两万余册分装四十大箱搬至赵宅寄放。

10 月，携弱小家眷十余人离杭迁至诸暨蓝田头村金家，住友人金在冶家。（长子诗新等人去江西、湖南等地从事抗日救护。）

年底，迁至绍兴东乡车家浦妻舅家。

1938 年（民国二十七年）　　　　66 岁

2 月，迁至绍兴孙端镇，住友人孙德卿之子孙庆麟家，并在孙端上亭公园内北庄设立“仁济医局”。

1940 年（民国二十九年）　　　　68 岁

夏，迁龙游东阁桥下。下半年又迁至龙游城内运动场东巷 11 号，在此设立诊所为贫民治病。撰写《肺病症状及其治疗法》《白喉症状及其治疗法》等。因劳累过度，胃出血，后自疗愈。

1941 年（民国三十年）　　　　69 岁

6 月，迁龙游东门外范家巷 39 号，在此设诊所为贫民治病。撰写《痢疾症状及其治疗法》等。

1942 年（民国三十一年）　　　　70 岁

6 月，迁龙游杨家。日本鬼子逼裘吉生为他们去找“花姑娘”，拒绝后被打伤，头面额部致出血甚多。

7 月，迁龙游石佛乡西垣村横坂头，被日本鬼子追赶，几经凶险，幸免于难。

8 月，迁寿昌县寺塝头乡毛家村。

10 月，迁寿昌东村。

1943 年（民国三十二年）　　　　71 岁

上半年迁寿昌航头乡溪沿村，设诊疗所。

1944 年（民国三十三年）　　　　72 岁

5 月，迁寿昌大同镇，设诊疗所。

1945 年（民国三十四年）　　　　73 岁

迁回龙游县城，在后高山设诊疗所。

8 月 15 日，日本宣布无条件投降，抗日战争胜利。

1946 年（民国三十五年）　　　　74 岁

1 月，举家迁回杭州。暂住劳动路 159 号王家。该处兼作诊疗处所。将原有实习班及遥从部扩充学额。编印了三三医社讲义多种，有《学医方针》《药物学初阶便读》《诊断学》等。编写了《女科治疗学》和《儿科治疗学》。

下半年，迁居藩司前桂林里 12 号。

1947 年（民国三十六年）　　　　75 岁

患病，虽经治疗，痼疾难愈。

突发肝脓疡，病剧。

6 月 11 日晚在桂林里寓所病逝。

同月，墓葬杭州赤山埠。

附二：裘吉生医论选

医学抉微序

编者按：本文系裘吉生先生撰写于民国五年（1916），刊于《绍兴医药学报》第六十五、六期。撰者认为《医学抉微》“立论一本经旨，不袭人言，不执己见”，并提出“临时设隔离以防疫，消极之卫生法也；平素养勇气以免疫，积极之卫生法也。”

吾国医学五千余年，诸家之著作有尽毕生之收罗而不能无遗，汗牛充栋之誉，岂夸示哉。然就吾人所见及之书论之，其间能独出心裁发明新理者固亦不鲜，而割截他人文字，以抄袭为著作，剽窃先辈遗言以篡僭为己书，或则人云亦云，或则因讹就讹，诸如此类，居于多数。微特不能赞翼圣经，抑且足以贻害后学。虽然平心论之，前者固为轩岐功臣，后者犹不失为医家之好名人也。谚有所谓：三代以上未恐好名，三代以下未恐不好名。洎乎晚近，自清末迄今，兹数十年间，能有一句一行而遗与吾人之诵读者有几何耶？岂俶季之世吾医家竟少好名者耶？呜呼，君子于此慨医学之不绝如缕者几希矣。海虞张君汝伟，著《医学抉微》也，不限卷以示无止境，凡所见所闻有关于医学之微旨悉摘抉而发挥之，积帙成书。随时邮示付印未一年，出版已两卷。计张君年甫逾弱冠，将见此巨册丰盈，无可限量，则发明于医学之处，自必蔚然可观，在是两卷，不过其发轫也。虽然，余于是两卷，已窃喜其为轩岐功臣矣，因书中立论一本经旨，不袭人言，不执己见，无剽窃之弊，无因讹之说，其于发扬国粹不遗余力。如卫生论一篇，其言隔离不足尽避疫之道。肤浅之辈及略以西医形质之学为主者必斥为有碍医学之进步，盖传染病之藉隔离而收效已成为法律医学之公案。不知张君之言，即经之所谓勇者气行怯者着而为病之旨也。西学亦有免疫质之说，临时设隔离以防疫，消极之卫生法也；平素养勇气以免疫，积极之卫生法也。张君之心，欲人人养成免疫质，是吾国上乘之学也。举此以概其余，则知张君为轩岐之功臣矣，与好名而率尔操觚者未可同日语也。丙辰仲冬吉生裘庆元拜序。

采　参

编者按：本文系裘吉生先生撰写于民国六年（1917），刊于《绍兴医药学报》第七十一期，撰者记述了自己关于人参产地的所闻所见。

读清朝野史大观，有“采参”一则云：辽阳东二百余里，山深林密，不见日色，下产人参，其苗高出百草之上。采参以夏五月，裹根披榛而入，或迷径为虎狼所噉，或人相遇弱者死强者攖所而出。以地近皇陵恐伤龙脉，迩者挖参之禁甚严，罪至殊死，而趋利之徒轻生不顾也。据此所述，似参必在皇陵近处产者且采取之有如此綦难，则参之珍贵又可知矣。然据余所闻见者与此则不无异同，或则时代稍有迟早，事实因之与记载亦生变迁焉，特述其慨以供参考。方余之游辽东也，时在光宣年间。初至即住辽阳官署，与土人少接近，市上虽常见鲜参而未易知其来自何处采用何法。后一年，留沈阳，与同乡僚友创仁济药局，参客往来甚多，皆言参之产出，不限陵禁。凡高山背阴处，参苗常出于丛树根间，且因日本人及鸭绿江采木公司雇工入山伐木日多，故出参亦旺。嗣余亦往东平西丰等县，其以皆崇山峻岑古木参天，有十余围大径之树土人以火焚之，俾不为荫蔽而可垦种。树荫处，随见有野产之参苗在也。惟参确为背日性，是以向阳处不长。人工种参，亦须厂遮，故名厂参。

金鸡纳霜考

编者按：本文系裘吉生先生撰写于民国五年（1916）并刊于《绍兴医药学报》第六卷第一号。文中记述了治疟药金鸡纳霜之产地、成分和性味功用，还批驳了当年中医界的“西药不可用”之说。

金鸡纳霜，由金鸡纳之皮熬炼所成。金鸡纳是一种高可数丈至十数丈之植物也，一名秘鲁皮，出南亚美利加及秘鲁国等处。西历一千六百三十年至一千七百八十七年，兹一、二百年间，各国医学家及植物学家纷纷往秘鲁国调查及采标本并发刊记载金鸡纳之书甚伙。近百余年来，盖发明自南美移植于瓜哇印度等处者，其产出额几可敷欧亚诸国之取给矣。

金鸡纳之名，本译音成之，西字原文为 Cinchona，其种类甚夥。西药收入茜草科，有赤黄褐三色，赤黄两色较良。凡采取金鸡纳之皮，不得滥伐，著为禁令。其皮部受剥后，必护之以青苔黏土，使其重易发育，两三年后，新皮又生。

金鸡纳之成分含六精二酸，一桂尼精，二先高尼精，三桂尼颠精，四先高尼颠精，五桂尼夏，六先高尼夏，一桂尼酸，二桂尼文酸是也。黄色者桂尼精较多，褐色者先高尼精较多。桂尼精，西字原文为 Quinine，其形如结冰，颇绵软，味极苦，能解热。先高尼精，西字原文为 Cinchonine，色白而黄，味略苦，入补剂，能解热。桂尼颠精，西字原文为 Quinidine，味苦无臭，入补剂。先高尼颠精，西字原文为 Cinchonidine，功用与桂尼精同。五六两精，自三四精内分出，二酸性味亦略同。

金鸡纳内各精之性味功用既明，而金鸡纳之性味功用可知矣。记载金鸡纳之籍中，虽不如中药本草之言色白入肺、味苦性凉，然大书其为能解热，又入补剂，又称其解疟有殊功，无论往来疟疾、常热疟疾、危险疟疾皆主之，兼治虚弱、脑气筋痛、久痰嗽、久鼻渊、久泄泻、胃弱、大头瘟等症，其为凉而且行之性可决矣。泉塘赵氏《本草纲目拾遗》谓性热，以传闻之说误尽后人。

呜呼，他国人已研究数百年视为至宝之药，而我国人尚凉热之莫定视若毒物，真可怪也。至医药界中恒操西药不可用之说，尤为不经。试问物产若须地界限之而可用，吾浙人将不能服川广药材矣，又何以西洋参、印度鸦片诸君不因其外国产而不上唇也？虽然吾知之矣，吾知诸君非有他界限也，苦无考证耳。爰取以简陋之文，摭拾群书之要，为金鸡纳霜考。

药物之特性说

编者按：本文系裘吉生先生撰写于民国六年（1917）并刊于《绍兴医药学报》第七卷第七、八号。本文讲述利用中药之特性治病，并感叹因无人深入研究药物学致论说浮泛。

凡百学术无不循序而进，未可猎奇，药物学亦犹是。中人之讲药物若浮泛，西人之讲药物未造极，此社会之公言，非有左袒之说也。例如东西洋以矿物之有化学作用者选入为药居多，而于天性作用未能深谙。近来东医始知利用水蛭之吸血性，治疗上得一大助力。盖水蛭俗名蚂蝗，生长田水间，农人之股往往为其啮吸伤血甚多。因其具有吸人体血之特性，我国用以为破血药，即因其天生之性而利用之。然此种天性异于普通之物者所谓特性也。中药之类于此者甚多，如蜘蛛放于人身之患疔毒者，必寻至患疔处而尽力吸住收其脓毒不尽不去，又有断板龟之吸收烂喉毒亦如是，此皆物之具有特性使然也。至磁石之引针、琥珀之拾芥，西人谓二物含有电气，吾亦曰具有特性，所谓电气即其特性也。盖东西医研究药物专从形质上着力，中医考订药物本在气化上着想。惜乎中医于此数十年来无人研究药物学，致皆抄袭浮泛之言为依据也。

落　　夜

编者按：本文系裘吉生先生撰写于民国九年（1920）并刊于<绍兴医药学报星期增刊>第七号。本文提出“讲卫生总要晓得落夜的害处”。

夙兴夜寐的起居本来是个自然的天则，看看鸟兽没有不是这样的。虽然人不能同鸟兽相比，但则人也是一个动物，一样秉着这个自然天则生活的，为什么要违背他呢？事情多忙没有法子。有许多早晨好早不早，留着多少事情到夜来去做，这个忙原是自己弄出来的。生理学讲起来，睡为一种最要紧的。因为做事倦了必须靠着夜里去休息才能回复一天事的劳倦，所以日中做得事落夜再做果然是不好，若日当夜睡着不做事到夜里来做事更不好，至于因嫖赌去落夜，那更不必说了。不好的缘故，就是落夜的人本身的生理抵抗外邪的力量减少了，不遇着外邪不觉得害处，一遇着外邪容易生病。讲卫生总要晓得落夜的害处。

第四章　裘吉生编辑刊印的医书、医学文献目录

裘诗庭历时40余年悉心收集已散在各处的先父裘吉生先生所编辑和刊印的医书、医报、医学文献。本目录系根据收集的相关资料统计撰成。裘吉生先生先后主编和刊印的医书、医报、医学文献达二千余种。兹录存：

（一）国医百家计八种

1. 增订伤暑全书　　二册
2. 琉球百问　　一册
3. 薛案辨疏　　二册
4. 叶氏伏气解　　一册
5. 临产指南　　二册
6. 幼科金鉴评　　一册
7. 雪雅堂医案　　二册
8. 简明眼科学　　一册

（二）精刻医药丛书计四集二十二种

第一集六种

1. 莫枚士研经言　　卷一
2. 周氏易简方集验方
3. 罗谦甫治验案　　卷上
4. 吴氏医案　　卷一

5. 惜分阴轩医案　　卷一
6. 重刻人参考

第二集六种

1. 知医必辨全
2. 市隐庐医药杂著
3. 莫氏研经言　　卷二
4. 罗氏治验案　　卷下
5. 吴氏医案　　卷二
6. 惜分阴轩医案　　卷二

第三集六种

1. 莫氏研经言　　卷三
2. 吴氏医案　　卷三
3. 惜分阴轩医案　　卷三
4. 叶天士晚年医案　　上
5. 周氏集验方续编
6. 张氏白喉通考

第四集四种

1. 莫氏研经言　　卷四
2. 吴氏医案　　卷四
3. 惜分阴轩医案　　卷四
4. 叶天士晚年医案　　下

（三）绍兴医药学报计一百四十一册

（四）星期增刊汇订一百五十期计六册

（五）绍兴医学报汇编计三十种

1. 古今医学论评

2. 杏林文苑
3. 症治精辨
4. 社友医案存要
5. 验方纪实
6. 海外医谈
7. 上池雁足
8. 医学杂纂
9. 鹪鹩集医学揭要
10. 增订脚气刍言
11. 秋燥论
12. 药性歌诀
13. 药物研究录
14. 管氏外科十三方
15. 医事闻见录
16. 古今医评
17. 中国地理病学
18. 证治要论
19. 生理卫生学要义
20. 社友读书记
21. 社友文存
22. 中国胎生学
23. 药物研究录续编
24. 医事调查记
25. 医话集腋
26. 医林尺素
27. 医事杂评

28. 医学衷中参西录医方歌括
29. 赵氏霍乱论
30. 医事杂评 二集

(六)绍报刊行医药丛书计一百种已出七十四种

1. 医医病书
2. 马氏医论
3. 重订囊秘喉书
4. 伤科捷径
5. 通俗内科学
6. 通俗妇科学 卷一
7. 应验良方
8. 退庐医案
9. 规定药品之商榷
10. 医药论文初集
11. 医学妙谛 上一 附验案
12. 玉函经 卷上
13. 医学抉微 卷上
14. 医界新智囊
15. 协和讲堂演说录
16. 通俗伤寒论 上一
17. 医药学说初集
18. 通俗伤寒论 上二
19. 医士道
20. 通俗喉科学
21. 医学诀微 卷二

22. 玉函经　卷中下
23. 历代名医传略　卷一二
24. 医药杂著初集
25. 医学妙谛　上二
26. 瘟痧证治要略
27. 医药论文　二集
28. 医药问答初集
29. 历代名医传略　卷三四五
30. 医林稗录
31. 医药学说　二集
32. 医学薪传
33. 通俗伤寒论　卷中一
34. 塔涯轩医药漫录
35. 医药杂著　二集
36. 通俗伤寒论　卷中二
37. 草药图考
38. 医药杂著　三集
39. 医药论文　三集
40. 药物学集说　一
41. 医林诙谐文
42. 医事专件
43. 医事新评
44. 调查专件
45. 社友治验录　卷一
46. 绍兴分会纪事
47. 脐风悟源

48.	察舌辨症新法	
49.	医药论文	四集
50.	医药杂著	四集
51.	医药问答	二集
52.	医药杂著	五集
53.	通俗妇科学	卷二
54.	医事近闻	
55.	药草与毒草前编	
56.	历代名医传略	卷六至卷八
57.	禤堂医活	
58.	绍兴分会纪事	二
59.	药物学集说	卷二
60.	通俗伤寒论	卷中三
61.	医事杂著	六集
62.	医药问答	三集
63.	医药杂著	七集
64.	医药论文	五集
65.	社友治验录	卷二
66.	霍乱论摘要	
67.	证治丛谈	
68.	医事嘤求录	
69.	医药杂著	八集
70.	历代名医传略	卷九十
71.	通俗妇科学	卷三
72.	药草与毒草复编	
73.	通俗伤寒论	卷四

74. 神交集

（七）鲟溪医书计十五种

1. 外候答问
2. 病症辨异
3. 据证分经定名
4. 治法述
5. 用药禁忌书
6. 百药能力类述
7. 要药选
8. 医方选
9. 医案选
10. 医论选
11. 女界须知
12. 鲟溪内服单方选
13. 鲟溪外治单方选
14. 诸家得失论
15. 景景医话

（八）裘氏家刻木版医书计十七种

1. 吴鞠通批医门棒喝	十四册
2. 亟斋达生篇	一册
3. 四时未病方	一册
4. 吞烟救急方	一册
5. 太乙神针方	一册
6. 随山宇方钞	一册
7. 存存斋医话稿	二册

8. 医方简义　　四册
9. 医药梦记　　四册
10. 医学辨正　　四册
11. 妇婴至宝　　一册
12. 慎疾刍言　　一册
13. 莫氏研经言　　四册
14. 吴鞠通医案　　四册
15. 本草思辨录　　四册
16. 普济良方　　二册
17. 玉历良方　　四册

（九）三三医报计一百三十二册

1. 第一卷三十三期
2. 第二卷三十三期
3. 第三卷三十三期
4. 第四卷三十三期

（十）三三医书计九十九种

第一集三十三种

1. 温热逢源
2. 医事启源
3. 医经秘旨
4. 医病简要
5. 医阶辨证
6. 喉科秘诀
7. 痧科全书
8. 重订时行伏阴刍言

9. 村居救急方
10. 驱蛊燃犀录
11. 外科方外奇方
12. 咳论经旨
13. 临症验舌法
14. 沈氏经验方
15. 重订痧疫指迷
16. 重订灵兰要览
17. 凌临灵方
18. 推篷寤语
19. 旧德堂医案
20. 内经辩言
21. 新刊诊脉三十二辨
22. 专治麻痧初编
23. 评注产科心法
24. 本草衍句
25. 先哲医话
26. 苏州世医陈氏幼科秘诀
27. 秋疟指南
28. 宋本备急灸法
29. 医源
30. 马培之医案
31. 本事方续集
32. 曹仁伯先生医案
33. 南病别鉴

第二集三十三种

1. 医脉摘要
2. 崇实堂医案
3. 千里医案
4. 医学课儿策
5. 经历杂论
6. 痢疾明辨
7. 伏邪新书
8. 鬼遗方
9. 医医医
10. 察病指南
11. 温证指归
12. 女科折衷纂要
13. 延陵弟子纪要
14. 过庭録存
15. 医中一得
16. 医学说约
17. 医学妙谛
18. 发背对口治诀论
19. 脚气治法总要
20. 集验背疽方
21. 伏瘟证治实验谈
22. 肯堂医论
23. 伤科方书
24. 和缓遗风
25. 证治心传

26. 金氏门诊方案
27. 长沙证汇
28. 治痢捷要新书
29. 素问校义
30. 中风论
31. 琉球问答奇病论
32. 羊毛瘟证论
33. 走马急疳方

第三集三十三种

1. 医学辑要
2. 阴证略例
3. 疡科纲要
4. 医验随笔
5. 历险再寿编
6. 仿寓酱草
7. 毛对山医话
8. 沈氏女科笺疏
9. 鲙残编
10. 喉科家训
11. 外科学讲义
12. 医余
13. 伤风约言
14. 解围元薮
15. 丹溪脉诀指掌
16. 医学体用
17. 疝症积聚编

18. 医易一理
19. 肘后方
20. 内经释要
21. 许氏医案
22. 医经读
23. 摄养枕中方
24. 灵药秘方
25. 药征
26. 评琴书屋医略
27. 重楼玉钥续编
28. 伤寒论读
29. 药征续编
30. 上池杂说
31. 暑症发原
32. 徐氏医案
33. 行军方便便方

（十一）读有用书楼医书选刊

第一集三十三种

1. 温热类编　　四册
2. 脉说　　二册

（十二）社友印行各书计六种

1. 看护学问答
2. 遯园医案
3. 中国诊断学实用
4. 中国生理学补正

5. 会员课艺录
6. 湿温时疫治疗法

（十三）增刊计四种

1. 月报大增刊　七册
2. 百期纪念增刊　一册
3. 绍兴医报月刊剩稿　一册
4. 星期增刊　一百五十八期

（十四）特刊计二种

1. 三一七特刊
2. 卫生半月刊

（十五）寿世医书计十三种

1. 全真集　一册
2. 人谱　二册
3. 佐治药言　一册
4. 儒门法语　一册
5. 孝经　一册
6. 好生救刦编　一册
7. 家庭讲话　一册
8. 王阳明公家训　一册
9. 明善最乐　一册
10. 大学宗旨　一册
11. 侗子队言　一册
12. 不可录　一册
13. 清夜钟　一册

（十六）珍本医书集成计九十种

医经类五种

1. 内经素问校义	一卷
2. 内经博议	四卷
3. 难经古义	二卷
4. 难经正义	六卷
5. 古本难经阐注	二卷

本草类五种

1. 神农本草经赞	三卷
2. 本草择要纲目	二卷
3. 本草撮要	十卷
4. 本草思辨录	四卷
5. 食鉴本草	一卷

脉学类三种

1. 订正太素脉秘诀	二卷
2. 脉诀乳海	六卷
3. 诊脉三十二辨	一卷

伤寒类四种

1. 伤寒括要	二卷
2. 伤寒寻源	三卷
3. 伤寒捷诀	一卷
4. 伤寒法祖	二卷

通治类八种

1. 松崖医径	二卷
2. 古今医彻	四卷

3. 医略十三篇 十三卷
4. 医经小学 六卷
5. 通俗内科学 一卷
6. 杂症会心录 二卷
7. 鸡鸣录 一卷
8. 医学传灯 二卷

内科类十二种

1. 增订伤暑全书 二卷
2. 辨疫琐言 一卷
3. 六气感证要义 一卷
4. 鼠疫约编 一卷
5. 湿温时疫治疗法 一卷
6. 重订温热经解 一卷
7. 温热论笺正 一卷
8. 医寄伏阴论 二卷
9. 霍乱燃犀说 二卷
10. 六因条辨 三卷
11. 瘴疟指南 二卷
12. 疯门全书 二卷

外科类三种

1. 外科传薪集 一卷
2. 外科方外奇方 四卷
3. 伤科方书 一卷

妇科类四种

1. 产宝 一卷
2. 产孕集 二卷

3. 胎产新书　二十卷
4. 女科百问　二卷

儿科类二种

1. 儿科醒　十二卷
2. 麻疹阐注　四卷

方书类十七种

1. 惠直堂经验方　四卷
2. 绛囊撮要　一卷
3. 经验奇方　二卷
4. 古方汇精　四卷
5. 医方简义　六卷
6. 回生集　二卷
7. 不知医必要　四卷
8. 医便　五卷
9. 春脚集　四卷
10. 外治寿世方　四卷
11. 文堂集验方　四卷
12. 疑难急症简方　四卷
13. 扶寿精方　一卷
14. 孙真人海上方　一卷
15. 鲁府禁方　四卷
16. 秘传大麻疯方　一卷
17. 喻选古方试验　四卷

医案类十五种

1. 得心集医案　六卷
2. 杏轩医案　三卷

3. 古今医案按选	四卷
4. 花韵楼医案	一卷
5. 王旭高临证医案	四卷
6. 丛桂草堂医案	四卷
7. 黄澹翁医案	四卷
8. 诊余举隅录	二卷
9. 也是山人医案	一卷
10. 龙砂八家医案	一卷
11. 邵氏医案	一卷
12. 沈氏医案	一卷
13. 青霞医案	一卷
14. 素圃医案	四卷
15. 扫叶莊医案	四卷

杂著类十二种

1. 寿世青编	二卷
2. 存存斋医话稿	二卷
3. 医权初编	二卷
4. 一得集	三卷
5. 医医偶录	二卷
6. 药症忌宜	一卷
7. 蠢子医	四卷
8. 宜麟策	一卷
9. 医医小草	一卷
10. 医门补要	三卷
11. 履霜集	三卷
12. 广嗣要语	一卷

（十七）珍本医书集成续编计九十九种

医经类五种

1. 黄帝内经素问完璧直讲详注　九卷
2. 素问释义　十卷
3. 类经纂要　三卷
4. 难经编正　二卷
5. 难经摘钞　一卷

本草类八种

1. 神农本草经校注　三卷
2. 滇南本草　三卷
3. 山公医旨食物类　四卷
4. 药性摘录　三卷
5. 药要便蒙新编　二卷
6. 生草药性备要　三卷
7. 药引常需　一卷
8. 药准　二卷

脉学类三种

1. 脉经真本　十卷
2. 山公医旨脉诀类　一卷
3. 诊翼　二卷

伤寒类十六种

1. 伤寒辟误　六卷
2. 伤寒论新浅注　五卷
3. 伤寒答问　一卷
4. 伤寒平议　一卷

5. 伤寒辨证　四卷
6. 伤寒古本订补　四卷
7. 伤寒金口诀　一卷
8. 伤寒论一百十三方发明　一卷
9. 伤寒论章句　四卷
10. 伤寒方解　二卷
11. 慈孝备览伤寒编　四卷
12. 伤寒方歌括　一卷
13. 伤寒证治赋　二卷
14. 伤寒正名　一卷
15. 伤寒补亡论　二十卷
16. 伤寒小补　一卷

通治类七种

1. 医学原理　十三卷
2. 窥垣精要　不分卷
3. 医读　四卷
4. 学医便读　二卷
5. 香岩径　二卷
6. 颐生秘旨　八卷
7. 医林猎要　一卷

内科类十二种

1. 吴鞠通方歌　一卷
2. 陈修园方歌　一卷
3. 疫疠溯源　一卷
4. 内科摘录　五卷
5. 喉症全书　一卷

6. 噎膈反胃关格三证全书　一卷
7. 温病浅说　一卷
8. 会讲温病语录　二卷
9. 辑堂医书　三卷
10. 医学正所正　一卷
11. 苇航集　十四卷
12. 医镜　二卷

外科类七种

1. 外科医镜　一卷
2. 外科经验亲传　二卷
附阮社章氏治乳岩经验方
3. 外科临证纪实　二卷
4. 疡科冰鉴　二卷
5. 外科摘录　二卷
6. 壶中别天　一卷
7. 瘰疬法门　一卷
附杨梅验方喉蛾捷诀

妇科类三种

1. 增订达生编　二卷
2. 妇科杂证　一卷
3. 妇科备要　三卷

儿科类十一种

1. 慈幼便览　一卷
2. 痘疹摘录　一卷
3. 痘疹世医心法　十二卷
4. 痘疹玉髓　二卷

5. 幼科类萃　九卷
6. 保婴易知录　二卷
7. 瘖痧秘法　一卷
8. 育婴汇讲　一卷
9. 幼科指掌遗稿　一卷
10. 万育仙书　二卷
11. 麻痘蠡言　一卷

方书类十七种

1. 急救百病回生良方　二卷
2. 增补疗癖经验良方　一卷
3. 良方集要　一卷
4. 厚贻堂集验方　一卷
5. 校正逸园集方　四卷
6. 方纪　二卷
7. 平易方　四卷
8. 救急录　一卷
9. 福世无遗录　一卷
10. 慈惠小编　三卷
11. 经验奇方　一卷
12. 经方例释　三卷
13. 方解别录　一卷
14. 胡氏应验良方　一卷
15. 急救便方　一卷
16. 邵氏伤寒成方辑要　四卷
17. 医方便览　十二卷

医案类五种

1. 温氏医案　一卷
2. 北簳山何氏医案　一卷
3. 韩氏医案　一卷
4. 叶氏妇科医案注释　一卷
5. 寿芝医案　一卷

杂著类五种

1. 老老恒言　五卷
2. 医镜　二卷
3. 医方丛话　二卷
4. 医学一得　一卷
5. 医医歌　一卷

（十八）皇汉医学丛书续编计七十五种

医经类六种

1. 校正灵枢识　六卷
2. 素灵一隅　一卷
3. 素问运气论奥疏钞　十卷
4. 素问运气论奥辨正　三卷
5. 难经发挥　一卷
6. 图注难经统宗　六卷

本草类四种

1. 神农本草经　三卷
2. 神农本草经考异　一卷
3. 唐卷子本新修本草　十卷
4. 唐卷子本新修本草补辑　一卷

针灸类七种

1. 针灸则	一卷
2. 针灸素难要旨	三卷
3. 针灸说约	一卷
4. 经穴汇解	八卷
5. 子午流注针经	三卷
6. 十四经发挥钞	十卷
7. 诸证灸法要穴	一卷

伤寒金匮类五种

1. 评注古本伤寒论	十卷
2. 伤寒考	一卷
3. 伤寒名数解	五卷
4. 伤寒杂病类方	一卷
5. 金匮要略注解	二十三卷

内科类十一种

1. 医方聚要	十二卷
2. 评批证治要诀	十二卷
3. 天行厥病论	一卷
4. 名方类证医书大全	二十四卷
5. 类证辨异全九集	四卷
6. 番沙新说	一卷
7. 治痢经验	一卷
8. 治瘟编	二卷
9. 博济堂脚气提要	一卷
10. 奇效医述	二卷
11. 医门摘要	五卷

外科类四种

1. 外科百效全书　六卷
2. 折肱要诀　五卷
3. 霉疮证治秘鉴　二卷
4. 评训霉疮秘录　二卷

眼科类一种

1. 古今精选眼科方筌　二卷

妇科类二种

1. 产航　二卷
2. 产经　二卷

儿科类四种

1. 痘疮医筌　一卷
2. 幼科百效全书　三卷
3. 全幼心鉴　十六卷
4. 增补保赤全书　二卷

方书类二十一种

1. 古方通览　不分卷
2. 晋唐名医方选　十卷
3. 真本千金方　一卷
4. 是斋百一选方　十二卷
5. 医方考绳愆　六卷
6. 御药院方　十一卷
7. 金镜内台方议　十二卷
8. 古今方汇　一卷
9. 类聚方集览标注　二卷
10. 易简方　一卷

11. 续易简方论　六卷
12. 续易简方后集　五卷
13. 上池秘录　四卷
14. 方极附言　一卷
15. 订补众方规矩大全　八卷
16. 奇方撮要　一卷
17. 养寿院方函　一卷
18. 本朝水肿方　一卷
19. 景印医心方　三十卷
20. 校正金兰方　五十卷
21. 秘传证治类方　十二卷

杂著类十种

1. 医官玄稿　三卷
2. 药方分量考　二卷
3. 续药方分量考　一卷
4. 医学辩害　十二卷
5. 漫游杂记　二卷
6. 扁鹊仓公列传　一卷
7. 扁鹊仓公传汇考　一卷
8. 影宋本扁鹊仓公传考异一卷
9. 医辙　一卷
10. 颐生辑要　五卷

（十九）普济方全集（四库医家类全书）计四百二十六卷

原载《四库全书》。裘吉生为主共八十余人经考证校勘去

误后再编辑出版，又名《四库医家类全书》

（二十）古今医书集成计一千二百三十七种

共十三类，二十九目，九千九百四十万字。

1. 医经四十九种
2. 伤寒论一百零四种
3. 金匮要略十七种
4. 本草食物七十六种
5. 脉学四十四种
6. 证治鉴别学二十种
7. 病理通论五十六种
8. 各科统治一百二十六种
9. 医方五十种
10. 验方一百十种
11. 各科专治十八种
12. 温热三十一种
13. 疫疠七十四种
14. 女科统治四十种
15. 女科胎产二十三种
16. 儿科统治四十八种
17. 儿科痘疹七十六种
18. 外科统治四十八种
19. 伤科统治六种
20. 眼科统治二十一种
21. 针灸十种
22. 医学辨正十九种

23. 医话十种
24. 医案八十五种
25. 养生十八种
26. 笔记四十种
27. 诸医四种
28. 史传七种
29. 课艺七种

（二十一）手抄本录存计二种

1. 叶氏医案真本

叶天士著，裘吉生录存

2. 瑞竹堂经验方

裘吉生手抄本

附录一：皇汉医学书目一览

编者按：本文系裘吉生先生录存，原载于民国二十五年（1936年）上海世界书局出版的《皇汉医学丛书·中国医籍考》。

一、现存者

增订和汉药考	前后两篇	小泉荣次郎
和汉药物学	正续合本	日野一郎一色直太郎
袖珍和汉之常识		古木仁
皇汉名医和汉药处方		石原保秀
和汉药之良否鉴别法及调制法		一色直太郎
东洋医学处方各论前编		渡边熙

浅田宗伯处方全集	世界文库刊行会
汉法医典	野津猛男
和汉药物宝典附栽培法	荒井荣造
和汉药治疗要解	鹈嗣礼堂
和汉药应用解说全集	田中达治
汉法医学全书	栗原广三
汉方药术	栗原爱荅
和汉药宝典附处方集	冈本幸一郎
简明和汉处方	津内骏斋
皇汉医学一二三卷	汤本求真
和汉医籍学	浅田贺寿卫
东洋和汉学实验集　上下卷	渡边熙
诊疗汉法医筌	森田幸门　毛利部紫山
临床应用汉方医学解说	汤本求真
类证鉴别皇汉医学要诀	大琢敬节
汉法医学之新研究	中山忠直
民间药（日本内科全书第三卷别录）	富士川游
黑烧之研究	小泉荣次郎
药草汉药民间疗法	斋藤菊寿　松岛实
药草之处方与调剂	勅使河原　真斋
民间疗法与民间药	野村瑞城
汉药之知识	久保田晴光
汉方与汉药月刊	
汉医术语及索引	岸原鸿太郎
中华民国之医育问题	同仁会
中华民国医事卫生之状况	同仁会

中国医界之新思潮		同仁会
上海医界之现状		同仁会
增补先哲医话		长尾藻城
杏林遗方	一至五辑	富士川游
医箴		富士川游
针灸治疗法		福冈桂司
针灸技术学		福冈桂司
新撰针灸医学		小野田范司
针灸经穴医典		玉森贞助
选针三要集		辰井文隆
中风症必治针灸疗法		宇山健二
中风及脊髓神经痛针灸疗法		宇山健二
本朝针灸医人传		小川本兴
简明改正孔穴图	说明书附	德臼慈司
针灸术秘密传		森田蒿英
针灸术独学		高村高
全身神经领域经穴图		奥田三郎
图解经穴学		辰井文隆
万病针灸全书		岸原鸿太郎
万病名灸集	附药方及病理	岸原鸿太郎
针灸原全科辞典		真野保正
最新针灸问题答案集		山崎良斋
按摩术针灸术整复术试验问题答案		新井卯之助
各府县针灸术试验问题解答集		山本新吾
针灸医术概论		山崎良斋
最新针灸经穴精图		森田蒿英

按摩针灸学		奥村三策
针灸学讯论并受验开业法		辰井文隆
教科用受验用针灸医学精义	上中下三卷	坂本贡
日本针灸学教科书	三编	山本新吾
最新针灸医学教科书	三卷	山崎良斋
灸法之医学的研究		原志免太郎
改订简明针灸医学		辰井文隆
实验针灸病理学	前后两编	辰井文隆
近世针灸学解说		山崎良吉
针灸术秘传书		泽田治津夫
灸穴灸点新疗法		松梁斋
万病必效灸疗法		原志免太郎

二、吉生收藏者

灵枢识	六卷	丹波茝庭
医心方	三十卷	丹波康濑
古今医统	四十卷	徐春甫　日本校刻
圣惠方	一百卷	中国失传　日本校刻
外台秘要		日本校刊与中国流传者不同
皇国名医传	三卷	浅田惟常
素问绍识	四卷	丹波元坚
医学千字文	一卷	惟中时俊
严和用济生方	十卷	贺通元训默
又续方	八卷	中国无传
医家辩害	十二卷	宇治田云庵
产航	二卷	桑原惟亲敬夫

续易简方	前六卷　后四卷	施发政卿
药征	三卷	东洞吉益
药征续编	三卷	邨井杶
重刻轩岐救正论	六卷	萧井原著　日本刻
难经王注评林	八卷	日本刻
脉诀评释	八卷	王叔和原著　日本刻
医官玄稿	三卷	鹿门山人著　日本刻
名方类证医书大会	廿四卷	熊宗立原著　日本刻
类证辩异全九集	四卷	铁月湖著　日本刻
针灸素难要旨	三卷	高武选原著　冈本一抱重刻
瘍科秘録	十卷	玄调和卿
医断续医断	各二卷	贺屋敬恭
医垒元戎	十二卷	王好古原著　日本刻　中国传祇一卷
御药院方	十一卷	佚名
医方考绳愆	七卷	吴昆原著　日本刻
斥医断	一卷	烟维和柳
针灸资生经大成	七卷	佚名
类聚方集覧	二卷	南总雉间
奇正方	一卷	贺古寿公
古今方汇	一卷	贺通元
伤寒杂病类方	一卷	喜多村直宽
方极附言	一卷	岩渊在冲
上池秘录	十二卷	西川湖子琏
外科祕录	四卷	西川湖子琏
观聚方要补	十卷	丹波元简

素问识	八卷	多纪栎窗
难经疏证	二卷	多纪柳沜
伤寒论辑义	七卷	多纪栎窗
伤寒论述义	五卷	多纪茝庭
伤寒广要	十二卷	多纪茝庭
金匮玉函要略辑义	六卷	多纪栎窗
金匮述义	三卷	多纪茝庭
药治通义	十二卷	多纪栎窗
脉学辑义	三卷	多纪栎窗
救急选方	二卷	多纪栎窗
医賸	三卷	多纪栎窗
医略抄	一卷	多纪栎窗
经穴纂要	五卷	多纪栎窗阅　小波元裕着
证治摘要	二本	中川成章斐卿
古今精选眼科方筌	二卷	中国冈摴山道
药性提要	一本	多纪举定
奇方撮要	一本	金子杏庵
方函	一卷	东洋山胁
药方分量考	二卷	冈田静默子成
众方规矩大全	八卷	佚名
晋唐名医方选	十卷	喜多村直宽
十四经发挥	十卷	高野山龙安斋
頤生辑要	五卷	竹田直宽
诊病奇侅	二卷	丹波茝庭
先哲医话	二卷	浅田惟常
霉疠新书	二卷	片仓元用

全幼心鉴	十六卷	叶洞泉著　日本刻
医鉴	四卷	中国失传　日本抄本
针灸聚英发挥	八卷	高武著　日本刻
三因方	十八卷	陈无择著　日本刻
保赤全书	三卷	管橓著　日本刻
巢氏病源候论		巢元方著　日本刻
霉疠证治秘鉴	二卷	冠峯橘尚贤
伤风约言	一卷	后藤省仲介
喻选古方试验	四卷	喻嘉言著　中国失传　日本刻
长沙正经证汇序	一卷	田中荣信愿
千金方真本	一卷	孙真人原本　丹波元简摹刻
本事方	十卷	许叔微著日本刻
续本事方	十卷	许叔微　中国无传　日本刻
证治要诀	十二卷	戴元礼著日本刻
产论	四卷	贺川立迪
产论翼	二卷	贺川立迪
锦囊外疗秘录	一卷	林子伯
内台方议	十二卷	许弘　中国失传　日本刻
太平和济局方	十卷	中国失传　日本刻
校正金兰方	五本	菅原誉嗣
外科百效全书	六卷	龚应园著　日本刻
疝症结聚编	一卷	海西大桥尚因
玄珠密语	十卷	王冰　中国少传　日本刻
子午流注经		中国无传　日本抄
伤寒粹言	一卷	桥本吉斋
伤寒启微	六卷	片仓元周

伤寒论集成	十卷	山田正珍
伤寒论疏义	十二卷	喜多直宽
伤寒论订正	二卷	了庵今村
伤寒论织	六卷	浅田栗园
伤寒辩要	一卷	浅田栗园
伤寒辩术	一卷	浅田栗园
伤寒杂辩证	三卷	浅田栗园
伤寒翼方	一卷	浅田栗园
伤寒法则	一卷	浅田栗园
伤寒刘氏传	一卷	山田正珍
伤寒名数解	五卷	中西维忠
伤寒考	一卷	山田正珍
伤寒论辩正	六卷	中西维忠
伤寒方机	一卷	东洞吉益
建殊録		
针灸择日编集		
青囊琐探	二卷	片仓元周
是斋百一选方		
唐本草	四卷	中国无传　日本抄

三、　未见者或已佚者

行余医言		香川氏
百疾－贯		和田氏
医事小言		南阳氏
大同类聚方	百卷	三谷岩田
医道	一册	三谷岩田

医训	二册		三谷岩田
诊则	一册		三谷岩田
中正医断	三册		三谷岩田
神方经验	三册		三谷岩田
二神遗方	五册		三谷岩田
眼疾诊侯	三册		三谷岩田
大同类聚方药品考	五册		三谷岩田
医范	一册		三谷岩田
伤寒论五类	三册		三谷岩田
伤寒论二义	三册		三谷岩田
伤寒方意略解	一册		三谷岩田
伤寒方去加考	三册		三谷岩田
医道二十年眼目篇评	一册		三谷岩田
西说医事辩	－册		三谷岩田
本朝名医传	五册		三谷岩田
六经向答	－册		三谷岩田
产技	三册		三谷岩田
骨技	一册		三谷岩田
活技	一册		三谷岩田
按腹	一册		三谷岩田
木说	五册	大方服部原著	三谷岩田
制药秘传	三册		三谷岩田
麻药考	－册		三谷岩田
脚气治辩	一册		三谷岩田
痘疹论	三册		三谷岩田
中外疗法	三册		三谷岩田

王宇泰医辩	六册	中西华文轩校刻
救荒本草	八册	中西华文轩校刻
群类众方规旨	一册	中西华文轩校刻
医方大成论	一册	中西华文轩校刻
活幼方汇	一册	中西华文轩校刻
合类众方规矩大成	一册	吉文字屋梓
本草和解	四册	吉文字屋梓
外治方鉴	三册	吉文字屋梓
小儿活法	全	吉文字屋梓
华陀中藏经	五册	吉文字屋梓
奇方撮要	一册	金子杏庵
经穴指掌	二册	高田立
经验要穴	一册	高田立
古方便览	二册	高桥原助兴文堂刻
腹证奇览	二册	高桥原助兴文堂刻
腹证大篇	二册	高桥原助
腹证翼初篇	二册	高桥原助
腹证翼二三篇	各一册	高桥原助
德本翁十九方	二册	高桥原助
医方大成论	一册	高桥原助
小儿方鉴	一册	高桥原助
古方翼	五册	高桥原助
妇人良方	五册	高桥原助
金匮伤寒分量考	一册	高桥原助
药方分量考□书	一册	高桥原助
分剂小帖考问	一册	高桥原助

痘疮愚说	一册	高桥原助
大同类聚方	一册	高桥原助
古方丸散方	一册	东洞吉益
丸散兼用方	一册	东洞吉益
一本堂医事说约	二册	香川
外科上池秘录	一册	西川国华
伤寒方	一册	中泽养亭
广惠济急方	三册	多济蓝溪
医方挈领	四卷	多纪栎窗
麻疹心得　麻疹辑要方　麻疹纂类	各一卷合刻	多纪栎窗
栎窗类钞	八十卷	多纪栎窗
医籍考	百卷多纪柳沜　近日印行者八十卷	
疾雅	三册	多纪柳沜
名医公案	五十卷	多纪柳沜
名医汇论	八十卷	多纪柳沜
伤寒六经志	一卷	加藤犹龙
静俭堂治验	三册	加藤犹龙
伤寒启微	三册	加藤犹龙
青囊琐探	二册	加藤犹龙
瘍科秘录	十二册	枣轩体问
痘疹不求人方论	一册　明朱隆子著	日本玉岩堂刻
历代名医一览	一册	雉门
简易养生记	一册	沼梧窗
杂病广要	四十卷	多纪茝庭
医稗类钞	八十卷	多纪茝庭
对症通览		佚名

眼目科略抄		佚名
名物考纂方		佚名
捧心方		中川氏
本草倭名传抄		吉田宗达
医谈抄		
顿医抄	五十卷	僧性全
倭名本草		
卫生秘要抄		
脏腑拾类抄		
覆载万安方		
四花灸法		
长生疗养法		
五体身分集		
本草色草抄		
丹波氏明堂经		
香药抄		
福田方		僧有邻
延寿类抄		
遇仙方		
悲田方		僧有邻
管蠡备急方		久志常光
续添鸿室秘要抄		
典药拔书		僧一立
鉴幼秘要方		僧景赞
精选秘要方		僧源贞
慈济轩方书		

诸病禁好集		
家传小儿方		板陌钧闲
换骨秘录		
外科细覃		
外科新明集		
难经俗解		
延寿和方汇函		
家珍方		板阪宗庆
天平七年内药司解		
天平十七年典药寮解		
仁安元年施药院解		
仁安二年施药院解		
仁安二十年典药寮解		
本朝医考		
本朝医谈		
续本朝医谈		
医官进退		
皇朝医史		
诸家秘笈		
医官制度考		
医家古籍考		
历世尚药传		
聿修堂皇朝医书目录		
医心方略	十卷	不著撰人
药帐秘传集	一卷	
传尸病二十五方		

奇疾草子	二卷	
大巳贵大神医纲本纪	八十卷	
耳命正传	一卷	
秘传药种论	一卷	
续添要穴	二卷	和气氏
救疗草	一卷	和气氏
当疗记	三卷	和气氏
遐年要抄	二卷	丹波氏
脏腑拾类抄		丹波氏
疗养方	一卷	
医铎抄		
传尸病治方	十卷	
养生抄		大江维时
古今奇验连珠方		活民子
金疮疗治抄	一卷	
保气论	二卷	
玉林抄	一卷	
周监方		车井氏
草全日田奇妙集	一卷	
闇目口传抄	一卷	
精英本草		
和玉抄	一卷	
节用本抄	八卷	
新方		车井氏
晞范句解	一卷	
香要抄	二卷	

药种抄	二卷	
秘传药方门		
杂药方	一卷	
秘方	一卷	
森药方	一卷	
游击将军药方	一卷	
简易小方	一卷	
和气家传秘方	五卷	
和气家传秘书	三卷	
医方分类	一卷	
伤寒论津氏微	二卷	津田贵子
秘传秘药诸病治方	一卷	细川胜元
云籣集		细川胜元
养生秘抄	一卷	细川胜元
十全要方		细川胜元
文龟传写古药方		细川胜元
爱洲方	一卷	永寿轩
古本伤寒论	一卷	吉益东洞
伤寒论分注	二卷	橘春晖
伤寒论尔音	一卷	橘春晖
伤寒论微辞辨	六卷	花井
伤寒论反正	二卷	龟井安贞
伤寒论特解	六卷	尾川卷耆
伤寒论微	四卷	泰岳
伤寒译通	一卷	缺名
伤寒药品体用	二卷	小越多川

伤寒圆机	四卷	缺名
伤寒论张义		伊藤大助
伤寒论实义	四卷	早川宗安
伤寒论考	六卷	乾乾堂主人
伤寒论私考	八卷	了庵今村
伤寒论定本	二卷	高谷德彰
伤寒论类释	十卷	枣轩木间
伤寒论取策	五卷	枣轩木间
伤寒论选注	二卷	浅田世赏
标注伤寒论	一卷	小原兰峡
伤寒六经志	一卷	加藤犹龙
伤寒论义疏	十卷	山田业广
伤寒考据	一卷	山田正珍
伤寒辨正	四卷	中西残斋
伤寒后条辨钞译	二卷	陶苋廷美
伤寒论解故	七卷	月耕老人
伤寒论撮要解	一卷	河野
伤寒新书	三卷	杉田玄白
复圣正文伤寒论	一卷	浅田
复古伤寒论微	一卷	天泰岳
伤寒一家言	二卷	经子常
伤寒脉证式	三卷	正俶大亮
伤寒初步	一卷	宫本叔
伤寒类症鉴别法	一卷	寺尾国平
伤寒正文解	三卷	和田东郭
补正辑光伤寒论	二卷	东洞

医圣方格	五卷　附录一卷　治方佩瑛一卷	保安玄长
伤寒约言注解	一卷	衡阳先生
杂病遗编附言	一卷　杂病药录　一卷	中川
遗逸药录	一卷	中川
温疫论刊误		浅田宗伯
太素经集注	三十卷	少野藏根
琉璃壶七十二方		僧允能
鸿室秘钞		僧阪盛方院
揖仙方		僧阪盛方院
遇仙方	八卷	僧阪盛方院
新椅方	三十一卷	僧阪盛方院
本草序例抄		吉田宗恂
修正伤寒全论附论	一卷	中川故其德
伤寒全编附录	一卷	中川故其德
伤寒药录	一卷	中川故其德
伤寒类聚方广义		东洞
伤寒类聚方集览	一卷	雉间子炳
伤寒论文	一卷	山田橘井
伤寒论议义		山田橘井
伤寒古训传	六卷	
伤寒百问	六卷	
万安方	六十二卷	僧性全
温疫论集览	十卷	田中内记
摄养要诀	二十卷	物部有广泉
济阴方		僧三士奇

达源方	三十二卷	僧净胜
素问讲义		吉田宗恂
难经注疏		吉田宗恂
增补医经小学		吉田宗恂
药性纂类		吉田宗恂
医方大成论抄		吉田宗恂
名医传略		吉田宗恂
古今医案		吉田宗恂
奥义集		久志常辰
家传通外山野集		久志常辰
药材撰集		久志常辰
服饵要集		久志常辰
医学色叶		久志常辰
五急治法		久志常辰
吉田氏方		吉田宗达
医学类聚		吉田宗达
胃气辨		裕乘坊瑞翁
紧要方		裕乘坊瑞翁
灸治口诀肥肉传		裕乘坊瑞翁
医方聚要		奈须恒昌
药方汇纂		奈须恒昌

右为个人耳目所及，陆续录记，挂一漏万，自知不免，四方同志，如能匡其不逮，无论既存已佚日本版本书目录示者，不胜感荷。

裘吉生识

附录二：台湾版《增补珍本医书集成》目录

1961年，已迁台湾之世界书局在《珍本医书集成》的基础上增补三十种，合原编共一百二十种，按原编格式和分类方法重行出版，合订为精装二十四册，定名为《增补珍本医书集成》。该版本注有“民国廿五年裘吉生主编，民国五十年世界书局编辑所增补。”

计一百二十种

医经类原五种增补四种

1. 内经素问校义　一卷
2. 内经博议　四卷
3. 难经古义　二卷
4. 难经正义　六卷
5. 古本难经阐经　二卷
6. 黄帝内经太素　存廿三卷
7. 黄帝内经太素遗文　一卷
8. 黄帝内经明堂　存一卷
9. 医经叙录四种　四卷

本草类原五种增补二种

1. 神农本草经赞　三卷
2. 本草择要纲目　二卷
3. 本草撮要　十卷
4. 本草思辨录　四卷
5. 食鉴本草　一卷

6. 石药尔雅　二卷
7. 本草衍义　廿卷

脉学类原三种增补三种

1. 订正太素脉秘诀　二卷
2. 脉学乳海　六卷
3. 诊脉三十二辨　一卷
4. 脉诀刊误　二卷
5. 脉书要语　一卷
6. 矫世惑脉论　一卷

伤寒论原四种增补六种

1. 伤寒括要　二卷
2. 伤寒寻源　三卷
3. 伤寒捷诀　一卷
4. 伤寒法祖　二卷
5. 伤寒总病论　六卷
6. 伤寒论音训　一卷
7. 伤寒论修治药法　一卷
8. 伤寒总病论札记　六卷
9. 阴症略例　一卷
10. 医经溯洄集　一卷

通治类原八种增补三种

1. 松厓医径　二卷
2. 古今医彻　四卷
3. 医略十三篇　十三卷
4. 医经小学　六卷
5. 通俗内科学　一卷

6. 杂症会心录　　二卷
7. 鸡鸣录　　一卷
8. 医学传灯　　二卷
9. 宋徽宗圣济经　　十卷
10. 格致余论　　一卷
11. 慎疾刍言　　一卷

内科类原十二种

1. 增订伤暑全书　　二卷
2. 辨疫琐言　　一卷
3. 六气感证要义　　一卷
4. 鼠疫约编　　一卷
5. 湿温时疫治疗法　　一卷
6. 重订温热经解　　一卷
7. 温热论笺正　　一卷
8. 医寄伏阴论　　二卷
9. 霍乱燃犀说　　二卷
10. 六因条辨　　三卷
11. 瘴疟指南　　二卷
12. 疯门全书　　二卷

外科类原三种

1. 外科传薪集　　一卷
2. 外科方外奇方　　四卷
3. 伤科方书　　一卷

妇科类原四种增补二种

1. 产宝　　一卷
2. 产孕集　　二卷

3. 胎产新书	二十卷
4. 女科百问	二卷
5. 女科	二卷
6. 产后编	二卷

儿科类原二种增补四种

1. 儿科醒	十二卷
2. 麻疹阐注	四卷
3. 海藏瘢论萃英	一卷
4. 田氏保婴集	一卷
5. 种痘心法	一卷
6. 种痘指掌	一卷

方书类原十七种增补五种

1. 惠直堂经验方	四卷
2. 绛囊撮要	一卷
3. 经验奇方	二卷
4. 古方汇精	四卷
5. 医方简义	六卷
6. 回生集	二卷
7. 不知医必要	四卷
8. 医便	五卷
9. 春脚集	四卷
10. 外治寿世方	四卷
11. 文堂集验方	四卷
12. 疑难急症简方	四卷
13. 扶寿精方	一卷
14. 孙真人海上方	一卷

15. 鲁府禁方　四卷
16. 秘传大麻疯方　一卷
17. 喻选古方试验　四卷
18. 刘涓子鬼遗方　五卷
19. 秘制大黄清宁丸方　一卷
20. 千金宝要　六卷
21. 活法机要　一卷
22. 怪疴单　一卷

医案类原十五种

1. 得心集医案　六卷
2. 杏轩医案　三卷
3. 古今医案按选　四卷
4. 花韵楼医案　一卷
5. 王旭高临证医案　四卷
6. 丛桂草堂医案　四卷
7. 黄澹翁医案　四卷
8. 诊余举隅录　二卷
9. 也是山人医案　一卷
10. 龙砂八家医案　一卷
11. 邵氏医案　一卷
12. 沈氏医案　一卷
13. 青霞医案　四卷
14. 素圃医案　四卷
15. 扫叶庄医案　四卷

杂著类原十二种增补一种

1. 寿世青编　二卷

2. 存存斋医话稿
3. 医权初编　　二卷
4. 一得集　　三卷
5. 医医偶录　　二卷
6. 药症忌宜　　一卷
7. 蠢子医　　四卷
8. 宜麟策　　一卷
9. 医医小草　　一卷
10. 医门补要　　三卷
11. 履霜集　　三卷
12. 广嗣要语　　一卷
13. 医先　　一卷